中华先贤人物故事汇

龚自珍

王媛 著

中华书局

图书在版编目(CIP)数据

龚自珍/王媛著. —北京:中华书局,2022. 11(2024. 3 重印)
(中华先贤人物故事汇)
ISBN 978-7-101-15657-7

Ⅰ. 龚…　Ⅱ. 王…　Ⅲ. 龚自珍(1792~1841)-生平事迹
Ⅳ. B251. 5

中国版本图书馆 CIP 数据核字(2022)第 038857 号

书　　名	龚自珍
著　　者	王　媛
丛　书　名	中华先贤人物故事汇
责任编辑	董邦冠
责任印制	管　斌
出版发行	中华书局
	(北京市丰台区太平桥西里 38 号　100073)
	http://www.zhbc.com.cn
	E-mail:zhbc@zhbc.com.cn
印　　刷	三河市宏达印刷有限公司
版　　次	2022 年 11 月第 1 版
	2024 年 3 月第 3 次印刷
规　　格	开本/787×1092 毫米　1/32
	印张 5¼　插页 2　字数 58 千字
印　　数	5001-8000 册
国际书号	ISBN 978-7-101-15657-7
定　　价	20. 00 元

出版说明

　　孔子周游列国，创立儒家学说；张骞出使西域，开辟丝绸之路；书圣王羲之，留下了曲水流觞的佳话；诗仙李白，写下了"举头望明月，低头思故乡"的名篇；王安石为纠正时弊，推行变法；李时珍广集博采，躬亲实践，编撰医药学名著《本草纲目》……

　　这些杰出的历史人物，有的是在中华民族文明进程中做出过突出贡献、对后世产生过巨大影响的思想家、政治家，有的是对中华优秀传统文化的传承传播发挥过重大作用的文学家、艺术家、科学家，有的是为国家安定统一、民族融合团结和中外文化交流做出过杰出贡献的军事家、外交家……他们为中华民族的繁荣发展做出了伟大的贡献，他们的行为事迹、风范品格为当世楷模，并垂范后世。

他们是中华民族的先贤人物。他们的思想、品德、事迹，是中华优秀传统文化的结晶；他们的故事，是对中华民族的禀赋、特点和气质最生动、最鲜活的阐释；他们的名字，在五千年中华文明史上最为光彩夺目；他们为五千年中华文明史书写了最为光辉灿烂的篇章。

为了解先贤，走近先贤，我们精心组织编写了这套《中华先贤人物故事汇》丛书，以翔实可靠的史料为依据，细腻动人的故事为载体，真实地呈现中华先贤人物的事迹、品格和精神风貌，彰显他们的贡献和功绩，激发人们对国家民族的热爱，对中华文明、中华优秀传统文化的崇敬。

开卷有益，期待这套丛书成为你的良师益友。

目 录

导 读

　　龚自珍（1792年8月22日—1841年9月26日），
又名巩祚，字璱人，号定庵，浙江仁和（今杭州）
人。出身于官宦世家，祖父龚敬身、父亲龚丽正位
居要职，外祖父段玉裁是乾嘉时期著名的古文字
学家。

　　在家族文化的熏陶下，龚自珍自小就显示出过
人的才学，并立下高远的志向。然而他在科举考
试中却屡屡受挫，直到三十八岁才考中进士，并
且由于不擅长馆阁体书法，失去进入翰林院的机
会，只担任过内阁中书、宗人府主事、礼部主事等
官职。

　　龚自珍生活在清朝由盛转衰的时期，此时出

现了许许多多的社会问题：各地农民纷纷组织起义，西北边境爆发严重的民族冲突，外国商人私自将鸦片运到中国贩卖……他敏感地意识到清王朝正在步入"衰世"，于是积极地向朝廷建言献策，呼吁在新疆设立行省，移民实边；又倡议加强海禁，抵制鸦片输入。他还向刘逢禄、宋翔凤等人学习公羊学，希望能够实施政治变革。同时倡导经世致用之学，精心钻研西北史地之学，筹划编纂《蒙古图志》。

但是，他的努力并没有对清朝政治产生丝毫改变，反而因为喜欢议论时政、臧否人物而背上了"狂生"之名。

道光十九年（1839）四月，他辞去官职，独自一人离开北京，两个多月后回到家乡杭州。又于同年九月回京迎接亲眷，十二月举家回到昆山羽琌山馆。在南北往返的途中，他回忆平生经历，写下三百多首诗歌，这就是著名的《己亥杂诗》。两年后，他在丹阳云阳书院因病去世。

龚自珍一生在政治上郁郁不得志，文学上却取得辉煌的成就。他的文章"文字瑰桀，出入诸子百家，自成学派"（《清史稿·文苑传·龚巩祚》）；他的诗歌风格多样，有的瑰丽古奥，有的自然清丽，有的奇诡生僻，有的平易浅俗，其中"落红不是无情物，化作春泥更护花""我劝天公重抖擞，不拘一格降人才"等都是流传千古的名句。

贵公子

苏州城西阊门外的下塘街，自明清以来一直号称风流富贵之地。

运河两岸遍布热闹的商铺、茶馆和书场，梧桐杨柳掩映着高低错落的粉墙黛瓦，恍如图画。文人墨客、市井小民最爱来这里饮酒品茗，听书看戏。

一条小船从运河驶入支流，缓缓地朝阊门码头而来。

龚自珍一手搭在船舷上，一手拿着书在看。许久才放下书册，站起来伸了伸腰，看看两岸的风景。他身形瘦小，头顶有些凹陷，眼睛炯炯有神，顾盼间神采飞扬。

"阿珍，一会儿外祖父必会检查功课，你都准备好了吗?"母亲段驯问道。

"当然,"龚自珍拍拍手边的行囊,"小时候我常在枝园小住,对外祖父的脾气早就摸透了。每回都是有备而来,这次也不例外。"

年初他由副贡生考充武英殿校录,正好父亲龚丽正出任徽州知府,便举家南下。把徽州的一切安顿好以后,龚自珍陪着母亲来苏州省亲。

小船停靠在阊门码头,龚自珍小心翼翼地扶着母亲下船,然后指挥仆人搬下行李。忽然看到岸上一位六十多岁的老人正朝他们使劲招手,他开心地大喊:"外公!"

段玉立走上前来,拍拍他的肩膀。

龚自珍做了个鬼脸,"身长随我娘"。

段玉立笑道:"没关系,还能长。"

龚自珍做了个蹿起来的动作,段玉立笑得更大声了,伸手便要去抓他。

段驯笑道:"这俩人又变成猿鹤了!"

段玉立是段玉裁的四弟,一生没有做官,只爱读书。他家境贫寒,又不懂经营产业,需要依靠亲戚接济。龚丽正在京城任职的时候,让他随同前去，帮忙打理家政，教导几个孩子。一家人租住在城南的法源寺附近，段玉立常常带着龚自珍去那里玩。法源寺里古木参天，龚自珍在悯忠台上爬来爬去，还经常往树上蹿，段玉立不得不追着他跑，寺里的和尚打趣他们是"一猿一鹤"。

龚自珍喜欢亲近段玉立，两人总有说不完的话，一路上玩玩闹闹，就像回到了小时候。

从阊门码头往西步行二里，就到了上津桥附近的段氏枝园。

段玉裁原籍金坛，晚年迁居苏州，是一位著名的文字学家。和这个时代的大多数学者一样，他并不关心时局政事，只是一头扎进古书堆里，做琐碎的训诂、考据之学。

此时，他正在书房中写作，听到门外传来打闹的声音，便搁笔走出来。段驯赶紧向父亲问安，龚自珍也停止跟段玉立的打闹，恭恭敬敬地站好行礼，喊了一声"外公"。

段玉裁和众人打完招呼，拉着龚自珍的手，说道："阿珍，快来书房，给你看个好物件。"

龚自珍随段玉裁来到书房。段玉裁取出一方长约三十厘米、宽约十八厘米的敞池端石大砚，轻轻放在案头上。龚自珍小心翼翼地拿起来细看，只觉得入手沉重。砚台温润细密，黑中泛红，四周没有雕刻任何图案，只在背面用小篆刻了一首唐代白居易的《答客问杭州》诗，线条挺拔流畅，风格古朴。

"好砚！"龚自珍赏玩许久，才放下来。"是从哪里得来的？"

"不告诉你。"段玉裁笑眯眯地说，"我的东西已经给你看过，你的呢？"

龚自珍从容取出一叠稿子，交给外祖父。

龚自珍和表妹段美贞在苏州举办了婚礼。完婚之后，夫妇俩回杭州故里拜见家族长辈。

龚氏旧宅在杭州马坡巷小米园，园子由清代桐乡贡生汪淮所建。乾隆五十三年，龚自珍的祖父龚禔身致仕之后，购买此园作为终老之所。

诸事忙完，龚自珍携妻子到西湖游玩。正是盛夏时节，湖上荷花盛放，莲香四溢。落日余晖照到湖面上，浮动着碎金无数。二人在苏堤上漫步，走累了，便雇一艘小船到湖里荡舟。

"西湖真美呀！"段美贞欣赏着湖光山色，不禁为之深深陶醉。

龚自珍娓娓说道："西湖从唐宋以来就很有名，经过几百上千年的修治，更有了著名的十景。圣祖、高宗南巡时游历至此，更留下了许多墨宝。"

段美贞眨了眨慧黠的眼睛，说道："自古以来写杭州的诗词，当以柳三变《望海潮》为最佳，'重湖叠巘清嘉，有三秋桂子，十里荷花'。据说金主完颜亮看到这首词，便起投鞭渡江之志。"

龚自珍回头看了妻子一眼，微微一笑，荡起船桨。

小船轻轻摇到西泠桥畔，经过一座坟墓，上有六角攒尖顶亭。龚自珍把小船靠边停住，说道："这是南齐钱塘名妓苏小小的坟墓，最初仅有半丘黄土，后来高宗亲自垂问，才增修了亭子和石碑。"

段美贞扶着龚自珍的手站起来，深深地看着碑上"钱塘苏小小之墓"的题字，说道："古往今来，忠烈之魂被历史湮没的可谓不可胜数。作为名妓的苏小小，却能历经千百年岁月的淘洗而仍然尽人皆知，可见是灵气所钟，使其为西湖山水增色。"

段美贞的见识让龚自珍感到惊讶，但一想到自己的母亲也知书达理，文采过人，便知道这是金坛段氏家风熏陶的结果。他把小船轻轻划开去，朗声吟道：

"曾是东华生小客，回首苍茫无际。屠狗功名，雕龙文卷，岂是平生意？乡亲苏小，定应笑我非计。　才见一抹斜阳，半堤香草，顿惹清愁起。罗袜音尘何处觅，渺渺予怀孤寄。怨去吹箫，狂来说剑，两样消魂味。两般春梦，橹声荡入云水。"

"表哥填得一手好词。"段美贞看着龚自珍，一股崇拜之情在心里漾升。新婚燕尔，她还按以前的习惯称呼丈夫。

龚自珍嗯了一声，兀自盯着她看，把她羞得满脸通红，低声叫了声"龚郎"。

龚自珍把小船停靠在岸边，扶着妻子上了堤岸，漫步来到一座湖畔小楼，龚自珍自小便常来这座小楼游玩。两人登上小楼，打开窗户，并肩欣赏苏堤的晚景。

"听姑母说，你小时候常在湖畔小楼上吹笛

龚自珍凝望西湖的山水，豪情万丈，他不满足于做一个书香门第的贵公子，想要做出一番事业来。

子，还有前辈为此画了一幅《湖楼吹笛图》。"

"我从小体弱敏感，听到卖麦芽糖人的箫声，就会伤心落泪。母亲见我哀乐过人，每当卖麦芽糖人来了，就拿被单蒙住我的头，不让我听到那人的箫声。后来到湖畔读书，才开始学习吹奏笛子。"

段美贞沉默了一会儿，说道："从此，我也要这样保护你。"

"今日之我已非昨日之我，大丈夫志在治国平天下，岂能尽作小儿女情态！"

龚自珍凝望着西湖的山水，豪情万丈。虽然自幼备受家人宠溺呵护，他却不满足于做一个书香门第的贵公子，而是立志要做出一番事业，方显丈夫气概。

"你有这样的大抱负，自然是好的。"

"龚家和段家同是书香门第，门风却不相同。我的祖父、叔祖、父亲和叔父都是两榜进士出身，当年祖父与叔祖二人同朝为官，有'二龚'之号。不似外公专门研究经史典籍，最终成为一代学术巨擘。父亲既是外公的门生，又是女婿，受到他的濡染最深。官居要职，但也只是热官冷做，只好读书治学。"

"学而优则仕，仕而优则学，总不能当官就不读书了吧？"

"寄情于诗文固然是好，但离治国平天下却很远。"

听到龚自珍怀抱远大之志，段美贞紧紧握住他的手，说道："我长于深闺，并不懂得治国之道，但你想要做的，我都会支持。"

龚自珍回视妻子，说道："想要有所作为，只能走科举仕途之路。明年顺天府乡试，我要去赴考，咱们恐怕得分开一段时间。"

段美贞温柔地看着龚自珍，轻轻点了点头。

嘉庆十八年（1813），龚自珍告别家人，去京城参加乡试。

考场设在京城东南隅崇文门内，他在附近租了寓所，继续温习功课。

转眼到了八月，秋试开始了。龚自珍顺利考完三场，浑身轻松地从考场走出来。

试院里种满了金桂，空气中暗香浮动，他深深地吸了一口气，想起临别之前父亲的叮嘱："此次赴考务必谨慎小心，族中上下皆盼你折桂归来。"彼时的他踌躇满志，应声答道："上回一时大意，只中副榜第二十八名。这次准备充分，金榜题名应在意料之中。"他轻轻折下一支桂花别在衣襟上。

等待放榜的日子，龚自珍尽情地游山玩水，访亲探友。一日，天朗气清，他雇了一辆驴车去陶然亭游玩。出得崇文门外，只见许多关外客商正顶着烈日排队纳费。瓮城西北角关帝庙门口坐了好些乞丐，一个个衣衫褴褛，蓬头垢面，远远地看着这些客商游贩。

"天子脚下竟有这么多游民乞丐！"龚自珍感慨道。

"您是富贵公子，没有经历过平民百姓的生活，这附近好多人一天只吃得起一顿饭。"车夫指着城门说，"北京城九大城门，唯独这崇文门是个鬼门关。"

龚自珍惊奇地问道："却是为何？"

"外地客商携货到京城做买卖，都得在此处税关纳费。"

"商人纳税乃天经地义，为什么称为鬼门关？"

"若是按照朝廷章程收税，倒也罢了。"车夫无奈地说，"可是在规章之外，还要忍受关吏克扣盘剥。别说客商了，外地官员进京办事也往往被索要钱财。于是便有人趁夜深人静之时，身携私货越墙而入。稍有不慎，从城墙上坠落，就成了九泉之下的冤鬼，所以被称为'鬼门关'。"

龚自珍抬头望着高耸的城墙，明晃晃的阳光从城楼上方直射下来，十分刺眼。他心里像被什么东西堵住了，游玩的兴致已荡然无存，在城外随便转了一圈便回来了。

刚刚返回城里，就听到一阵骚乱之声。

"反贼闯入紫禁城了！"有人边跑边喊叫。

龚自珍本来还以为是市井无赖在造谣闹事。过了一会儿，成队的官兵倾巢而出，街贩行人纷纷闪避，城里居民也纷纷逃回家中紧闭门户。士兵挨家挨户进行搜查，大声吆喝着"捉拿反贼"。

车夫见此情状，自己驾着车子一溜烟跑了，龚自珍只能步行返回寓所。从未想到兵荒马乱就在眼前，他的心里有些惶然。

第三天，城里终于安静下来，传说反贼被抓到了。龚自珍出门查看情况，只见街头巷尾贴满抓捕反贼余党的告示，围观的百姓议论纷纷。

"林清造反了，率领手下攻进了紫禁城！"

"是在宣武门外卖鹌鹑的那个人吗？"

"就是他，听说他为人慷慨仗义，京郊的贫户很多都向他借贷，没想到他竟然是天理教的头目。"

告示上的画像跟普通百姓没什么区别，龚自珍心里顿时生出恐惧。京城乃天子脚下，首善之都，非穷乡僻壤、法外之地，一介平民百姓竟敢在此聚众造反，而且还攻入紫禁城！若是把皇帝给弑了……他不敢想下去。

终于等到放榜的日子，龚自珍一早来到试院门口，在大红色的榜上寻找自己的姓名，不料却没有找到。身边中举士人欣喜若狂的欢呼声使他倍受煎熬，他垂头丧气地走回寓所。

邮卒送来了家书，打开一看，居然是妻子的噩耗。原来，妻子自他离开之后就开始生病，庸医误诊为怀孕，错失了治疗的时机，已于七月份病逝在徽州府署。

真是雪上加霜！

两千多里的路途比往常更显得漫长。他日夜兼程，恨不得插翅飞回家中。孤独地躺在旅店的床上，脑海里都是妻子的音容笑貌。赴京赶考已近半年，家里人为了不影响自己考试，连她病逝的消息都没有及时告知。如今两处落空，白白辜负了家人的期望。

他长长地叹了一口气。

这时，他忽然瞥见墙壁上写着"一骑南飞"四字，不知出自何人之手，却如此符合自己的处境。龚自珍不觉悲从中来，在墙上题了一阕《金缕曲》：

"我又南行矣！笑今年、鸾飘凤泊，情怀何似？纵使文章惊海内，纸上苍生而已。似春水、干卿何事？暮雨忽来鸿雁杳，莽关山、一派秋声里。催客去，去如水。　华年心绪从头理，也何聊、看潮走马，广陵吴市。愿得黄金三百万，交尽美人名士。更结尽、燕邯侠子。来岁长安春事早，劝杏花、断莫相思死。木叶怨，罢论起。"

天下士

年底，八十岁老人段玉裁来到徽州看望亲人。

段玉裁拄着拐杖，颤颤巍巍地抚着孙女的灵柩，眼眶湿润了。案上备着纸笔，他挥毫写下一篇《龚自珍妻权厝志》。

"外公——"读完此文，龚自珍无语凝噎。

段玉裁慈祥地看着外孙。这位十二岁开始学习《说文解字》部目，十四岁就能写出《汉官损益》《百王易从论》等文章的天才少年，命运却如此多舛，或许这就是天妒英才吧！

"徽州是个好地方呐！有程易田先生可以当老师，可以当朋友的又不知道有多少。"段玉裁缓缓说道，"这里有这么好的老师、朋友，你又有这么好的资质，怎么能不赶紧刻苦研读古书呢？辜负了大好时光，待到我这般年龄才来努力读书，还有用吗？"

"是。"龚自珍垂手恭敬地站立，聆听外祖父的教诲。

"钱塘袁兰村与亲友在金陵唱和，编成《讨春合唱》一册，你的序文写得很好，'而乃牢落新愁，飘零去梦，今雨来而旧雨愈杳，故花谢而新花不妍'，文字新奇，深怀感慨，有六朝文章之风。"

龚自珍没想到外祖父竟能背诵自己的文章，心里大为感动，说道："兰村先生坚持要求，我无法推辞，只能随便写写。"

段玉裁沉默了一会儿，接着说道："兰村是随园先生嗣子，处处仿效随园，却不知自己并未参透诗教之意。作文的目的在于明道，若一味追求文辞，便是本末倒置了。我盼你努力成为名儒、名臣，不希望你成为名士。"

随园先生袁枚是乾隆年间享誉极高的文士，刚过而立之年就辞官归家，于江宁小仓山下购得一处园林，从此逍遥林下，诗酒风流。他在诗歌创作上提倡天真、性灵，又广收女弟子，士林中对其毁誉参半。

龚自珍垂手恭立，聆听外祖父段玉裁的教诲。

龚自珍听出外祖父对袁枚颇有微词，便噤口不言。

"你父亲给你起名'自珍'，我给你取字'爱吾'，知道是什么意思吗？"段玉裁看着沉默不语的外孙。

"是盼我能自爱。"

"没错。"段玉裁说道，"珍者，藏也。人们因为珍爱一件东西，才会想去收藏它。什么东西最值得珍爱呢？首先就是自己。人要自爱，才能去爱君、爱亲、爱民、爱物，从来就没有不自爱而能爱君、爱亲、爱民、爱物的人。"

"是。"龚自珍应道。

段玉裁继续说道："乾嘉以来，学者多从事训诂考据之学，被人称为虫鱼之学。你莫看轻这虫鱼之学，如果讨厌细致繁琐的考证而对学问大而化之，就违背了积少成多的本意。贫家女子尚且知道要珍惜一针一线，何况学者？追求学问的路径是各不相同的。远远望去，学问像一丘一壑一般，你可以对其有个大致认识；一旦你深入其中，就会觉得学海浩渺，你只是沧海一粟。探求学问，还是要经历无尽的甘苦啊。"

龚自珍知道外公说的都是肺腑之言，不禁肃然起敬。

他将《权厝志》刻在石碑上，然后整理行装，准备护送妻子灵柩到杭州西湖茅家埠安葬。

龚自珍返回徽州府署已是翌年春季。

父亲龚丽正陷于纷繁的公务之中。山东、河南一带的天理教叛乱已经平定，朝廷以此为前车之鉴，勒令地方官府加强防卫。徽州境内也设岗巡逻放哨，对各地市集进行定时搜查。

书房中公文堆积如山，最上面赫然是一封《罪己诏》。

只有在国家、朝廷发生重大灾难时，皇帝才会颁下自我检讨的罪己诏。

"开国以来，世祖章皇帝去世前曾写遗诏罪己，圣祖仁皇帝时因大地震颁过一次《罪己诏》，高宗纯皇帝时乾清宫失火，也颁过一次《罪己诏》。"龚丽正叹道："今上即位以来，却已是第二次颁发罪己诏了。紫禁城乃天子所居，守卫森严，竟连续多次发生刺杀事件，实在不可思议！"

"莫非是因为林清作乱？"

龚自珍打开诏书，看上面写道："朕虽然没能很好地继承先帝爱民的实政，但也没有做什么伤害百姓的恶事，突然遭此变故，实在不能理解……然而，变故起于一时，灾祸其实已知经积累很久了。当今的弊端，在于'因循怠玩'四字，这是中外国家的通病。朕虽然多次告诫，怎奈各位臣子没能领会，怠慢政务，玩忽职守，最终导致这种汉唐宋明都不曾发生的变故。"

龚自珍收起诏书，愤然道："这诏书与其说是反思自己的罪过，不如说是责备他人。"

"先帝在世时，朝臣虽偶尔上下其手，贪污腐败，毕竟不敢藐视帝王权威。如今官僚玩忽职守，王公大臣参加宫廷庆典尚且迟到，他事可想而知。诏书说弊端在'因循怠玩'，倒也没错。"

"如今民间怨声载道，只要振臂一呼，便四方响应，所以天理教才能发展得如此迅疾。"

龚丽正缓缓说道："如果老百姓都能安居乐业，衣食无忧，又怎么会想要造反？"

"不说各地的穷困百姓，即便在天子脚下，崇文门以西，彰义门以东，每日只吃得起一餐饭的人都不少，其中有的还是低级官吏，这样的生活怎能让人满意？"

"可又能有什么办法呢！"龚丽正叹道。

"改革！革旧图新才是长治久安之计。"

"改革？"龚丽正吃惊地看着儿子。

"是的！"龚自珍迎着父亲的眼光，坚定地回答。"现在的官员都是论资排辈，贤智的人没有晋升的通道，庸碌无能的人只要按章程办事也能官居高位。年轻官员像仆妾一样诮媚上级，愿为他们做狗马般的贱事。年老官员好不容易爬到高位，只需苟且度日便可安享尊荣。整个官僚阶层蝇营狗苟，人人深于世故，这样的国家自然如暮日西沉，了无生气。"

听到这里，龚丽正说道："你只不过是个副贡生，便要指点江山，不觉得是越俎代庖吗？"

"'陈平他日宰天下'！不关心天下事，又怎么当天下之士？"

龚丽正沉默良久，黯然说道："改革哪有那么容易？！"

龚自珍没有领会父亲的意思，兴奋地写下一组抨击时政的文章。

"美政的施行有赖于明君良臣，这几篇文章就叫做《明良论》吧。"

落榜的失意早已被抛诸脑后。他把文章抄写了多份，送给龚丽正和他的幕僚，又寄给了外祖父段玉裁。

龚丽正看完《明良论》，心里很赞赏，口中却说："儒生著书，只知道高谈阔论！要知道谈论虽容易，但要揣测时势、制定有用的办法、研究实用的学问，可就难了。"

"又不是挟泰山以超北海，有什么难的？"

初次展露辩才，龚自珍心里很是自信。他铺开纸笺，打算把自己关于改革的方方面面的构想都写出来，思索半天却茫无头绪，只好搁笔。

府署书库中芸香满架，堆放着歙县、休宁、婺源、祁门、黟县、绩溪六县的谱牒志书。书册蒙着厚厚的灰尘，很久没有人翻阅了。

上次纂修府志还是在几十年前，是时候重新修纂府志了，龚丽正准备聘请汪龙、洪饴孙、胡文水、武穆淳等名儒主持此事。

"你去府志局中帮忙，也好向几位先生多多请教。"龚丽正知道儿子性情跳脱，不得不时刻为他筹谋。"我盼你专注学问，还有一层原因。国朝的文字案比从前历朝历代都要多，稍有违碍，轻则流放异乡，重则诛灭九族。读书人钻进古书堆里，也是为了远离祸患。"

龚自珍明白父亲的苦心，便答应了。

七十二岁的汪龙是乾隆朝举人，研究《毛诗》颇有见地，深受学界尊重。得知龚丽正让自己的儿子参与编纂工作，心里略有不满。见到龚自珍不修边幅的模样，更认定他是个玩世不恭的贵公子。

他和诸位儒士商定了府志的凡例，写了十几页纸，请龚自珍转呈给龚丽正。

龚自珍向汪龙施礼答道："家父公务缠身，让我代为答复。"

汪龙哂笑道："小友有何看法？"

龚自珍看出汪龙的不以为然，微微一笑，答道："国有国史，地有方志，族有族谱，家有家乘，史志谱乘可以鉴古通今。虽然府志并非国史，甚至也比不得省志，但国史取材于《一统志》，《一统志》取材于省志，省志取材于府志。府志是纂修国史的底本，内容宜繁不宜简。希望可以将本府忠清、文学、幽贞、郁烈之士女事迹详加考订，勿使其湮没无闻。"

一番切中肯綮的话令汪龙颇感惊奇，对龚自珍倏然改观，但他仍坚持认为，人物列传内容不宜过多。"我已看过采访局搜集的本府人物史料，实在过于繁琐，需要删削十之四五。"

"希望不要删去太多，"龚自珍摆摆手，"左丘明汇聚一百四十国的史事，为《春秋》作传，二百五十年间的史事记载得像蚂蚁一样密密麻麻，圣人的门徒没有讥讽他写得太繁琐的。"

"小友说得很有道理，然而徽州史上名人众多，很难一一详载。毕竟，府志并非家乘。"

龚自珍明白他的意思。家乘族谱专门记载某个家族的人物，自然可以做到无比详尽，而府志包

天下士　23

括本府的区域沿革、风景名胜、财政经济、艺文著述等诸多内容，人物只能占一部分篇幅，不宜过于详细。

他忽然感到懊恼，因为自己并未亲自调查，犯了治学的大忌。于是，他开始逐册翻阅书库藏书，多日之后心里有了主意。

"先生所言非虚，徽州名人太多了。"龚自珍对汪龙说，"徽州六县人物虽多，但可以将其分为十五个大族，先编纂《氏族表》。表中各族人物无法一一记载，便只记载大宗，次子以下除非官至三品以上，或立言明道、名满天下的人，其余都不记载。如此便可解决问题。"

汪龙见龚自珍日日到藏书室阅书，早已对其刮目相看。"自古以来宗法立嫡立长，亦不废贤能。如此安排，也算合理。"

得到前辈的肯定，龚自珍心里十分高兴。

"如此小小问题，竟无意中关涉到一个社会结构的大问题，可见学问与现实并非毫无关联，通经致用才是治学的目的！"

想通此节，一个崭新的知识图景出现在他脑

海里。

嘉庆二十年（1815）六月，龚丽正升任江南苏松太兵备道，带着家人同赴上海。

遥望黄山方向，想象着苍松翚飞、云海涌动的奇观，龚自珍深深地感到遗憾。寓居徽州四年，竟不曾登临这天下第一名山。他匆匆写了一篇《黄山铭》，算是对自己的安慰。

继室何颉云看到墨迹未干的文稿，轻轻铺开一张新纸，把《黄山铭》抄了一遍。

龚自珍大为惊叹："你的楷书写得这么好！"

何颉云是池州知府何裕均的从孙女。这是一桩遵从父母之命、媒妁之言的婚姻，他与何颉云素未谋面，谈不上有什么感情。

何颉云听了丈夫的赞扬，只是微微一笑，毫无自得之色，龚自珍对她顿生好感。

"我从小不爱练字，虽然诗词歌赋对我来说不是什么难事，可一旦落笔写字便要露丑。"

何颉云轻轻说道："既然如此，以后我就当你的抄笔吏吧。"

龚自珍看着何颉云，轻轻地握住了她的手。

白天的黄浦江沿岸很是热闹，一艘艘货船、渔船开进港口，卸货、搬运、装车，运送到城中商号里售卖。海禁仍严，但渔船夹带外国私货却屡禁不止。风从平静的江面上吹来，带着一股海水的腥味。

龚自珍第一次看到黄浦江，对码头风光赞叹不已。

何元锡、钮树玉、袁琴南在龚丽正幕府中任职，得闲便陪龚自珍四处游玩。他们在南市小东门外的茶馆喝茶听曲，然后又到书铺闲逛。

游玩了大半天，何元锡已经意兴阑珊，但一进入书铺就精神抖擞，兴致盎然地向主人询问有何善本。他是著名的版本学家和金石学家，喜爱收藏古书和金石碑帖，家中雇佣很多抄笔吏为自己抄写稀见善本，其藏书楼"梦华馆""蝶影园"在江南地区赫赫有名。

主人拿了一部拓本递给他，"这本李斯《琅邪刻石》还不错。"

"这部只是明拓。"何元锡翻了一下便放回

原处。

龚自珍拿起来翻看，一边说道："明拓也算难得。"

何元锡笑道："我家中曾藏过一部宋拓李斯《琅邪刻石》。一次我心疾发作，药石难医，有位老者上门说他能救治，我吃了他两剂药，果然就好了。问老者药费多少，他说专为宋拓而来，然后直接走进内室把书案上的拓本拿走了。"

"世间高人不知有多少，名家又特意访求，想来欲在书林中争雄并不容易。"龚自珍说道。

龚丽正担任苏松太道之后，因为俸禄优厚，颇有余资，父子俩就有了大量购藏书籍的心思。

"藏书要成气候，必须讲究版本，没有佳本佳刻压箱底，就无法称雄于书林。碑拓书籍中以孤本最为难得，可不计成本地要求，因为天地间只剩下此一种文字，一旦亡佚就再也没有了。其次是稀见古本。书籍辗转传刻，错讹极多，只有古本能保留本来面目。再次是校勘精审的名家刻本。通行本最不足道。"何元锡一谈到版本便滔滔不绝。

龚自珍说道："宋元善本大多为海内豪客所

有，除非家败散出，或下世之后为子孙所卖，否则难得一见。"

"不错。"谈起访书之难，众人皆有一番感慨。

主人忽然道："东瀛倒是还有不少好物件。"

龚自珍闻言大喜，问道："可有办法跟日本人联系？"

"海上多有番船往来，可托日本人到东瀛寻找。"

众人有的说海上路途遥远，有的说东瀛商贾奸猾，官宦之家不敢有所关涉，便各自罢休。

龚自珍却不死心，回到道署之后，将隋唐目录书中记载的亡佚书籍开列了厚厚两大册，写明书名、卷数、作者，注上亡佚时间，并用红色笔圈出最有可能访求得到的七十多种，然后给日本商人写了一封信。

"此七十余种若寻访得到，愿以私藏三代吉金拓本作为交换。"

写完最后一句话，到落款时龚自珍忽然犹豫了。因为父亲兼管海关，海外访书有私通外国的嫌疑。

"难道就此放弃吗？"他心里很纠结。良久，提笔写下四字："中朝一士。"

卖饼家

　　庄绶甲长身玉立，身穿一袭长衫，踱着方步缓缓走到书馆。

　　庄氏是常州望族，庄存与考中乾隆十年榜眼，其弟庄培因考中乾隆十九年状元。庄存与学贯六经，尤以公羊学出名。族中子弟随其治学，二代中的庄述祖，三代中的刘逢禄、庄绶甲、宋翔凤都取得了卓著的成就，被称为常州学派。

　　凭借三世治学的根基，庄绶甲对于当世学者著作的内容观点无不洞察幽微，可惜自己在科场上屡屡失利，至今仍是布衣一个，只好坐馆谋生。

　　书馆中一团混乱，书册随意摆在架上、桌角、地上。桌上摊开一册楷书字帖和习字本，几行歪歪斜斜的大字隐约透露出作者的不耐烦，才只临摹了三四行，人已不知踪影，砚台里墨迹未干。

"真是没有耐心啊。"庄绶甲摇了摇头。

案上放着一叠文稿，首页是一篇段玉裁撰的序文，写着："自珍和我在吴中相见，他方才弱冠之年，我索要观看了很多他所写的诗文，其中有一些治经修史的作品，意气风发，不可一世……他年方二十就能写出这样的文章，那么他惊人的才华，与沉逸的性情，就都不难知道了。"

庄绶甲拿起文稿随便翻了几页，又见《明良论》卷末有段玉裁的评语："文中论断都是古时的救世良方，却能切中今日的弊病，又何必另外制定新的方子呢！我已经老了，还能够见到这样的才学才死，没什么遗憾了。"他微微一笑，心想：砚北先生（段玉裁号砚北）对这位外孙真是宠爱有加！

过了一会儿，龚自珍扛着几棵花苗回来了。看到庄绶甲已在书馆中，赶忙向他鞠躬行礼。

"怎么不好好临帖了？"庄绶甲问道。

龚自珍默然无对，书法是他的弱项。清代官场文书流行用一种乌黑圆润的楷字书写方法，叫做馆阁体。士子们为了应试，往往窗明几净，笔砚精良，专门临帖。龚自珍终日手不释卷，偶尔得闲临摹几行，就觉得辜负了一天的好时光，只好搁笔找些别的事做，因此楷法反而不如胞妹龚自璋。

庄绶甲见他不作声，又问道："听说你打算汇聚金石碑刻，撰一部《金石通考》。你专攻经史之学，又何必钻研金石学问？"

龚自珍答道："古器上的款识可以为我们谈论经学和小学提供补充，石刻也可以作为史家纪传的编外材料。许慎所见的古文就太少了，如果他根据商周的彝器秘文解说其形与义，那么《说文解字》便可再补充百余字。"

"可穷其一生，又能补得几个字？"

龚自珍又沉默了，他的外祖父和父亲都是做着这样滴水穿石的学问。

庄绶甲看过龚自珍的文章，隐约感觉到他的兴趣不在考据上，便以公羊学引导他。

"虫鱼之学虽然对经史研究有所帮助，但其短处就在于过于琐碎。读书必须要做到文字的精准，但又不能拘泥于文字，还必须讲求义理内涵，才能够提纲挈领。比如读史书，如果不明白为人之道义，不进行褒贬的评判，读它又有什么用处呢？"

龚自珍点点头，"鉴往以知来，援古以证今，方为有用。"

"孺子可教也！"庄绶甲欣悦地看着他，"故读《春秋》，先要讲大一统。大一统是什么？天无二日，士无二王，国无二君，家无二尊，要在统一的体系之下进行治理。"

"说得好！"龚自珍很是信服。

"明白了这一层含义，再来推究世事朝代的更替变革。春秋十二世，可分为所见世、所闻世、所传闻世。"

"何谓所见世、所闻世、所传闻世？"

"所传闻世是高祖、曾祖以前的据乱世，所闻世是王父时期的升平世，所见世时天下远近大小若一，是己与父时期的太平世。"

"所传闻世时小国寡民，所闻世时小国逐渐统一为大国，所见世时大国进而统一天下，倒也合乎历史演进的实际。"龚自珍思考了一下，心里仍有疑问，"然而春秋之后，天下愈发不太平，三世又称据仍乱世、升平世、太平世，是否合理呢？"

庄绶甲从未思考过这个问题，一下子被问住了，不知如何应对，只好说："这是东汉大儒何休的观点。"

"依我看，不如说是治世、衰世、乱世。有史以来，无不在此三世中反复终始。先生以为如何？"

龚自珍说得头头是道，庄绶甲难以辩驳，只好点头称善。

除夕夜，道署中点起了红烛，照得厅堂中异常明亮。

龚自珍陪母亲诵读佛经，超度刚刚去世的外祖父段玉裁，然后一边守岁，一边读《汉书》。读到卫青、霍去病抗击匈奴，张骞、班超通西域的功绩，放下书卷，感叹道：

"开拓道路，设置关卡，居于中原而能远远地控制边疆，这才是真正的治世啊！国朝以来，只有圣祖仁皇帝的功绩足以与其相提并论。如今虽称治世，但上至衙门官吏，下至市井百姓，无一不是庸庸碌碌之辈，整个社会隐患重重。这样的治世，难道不是衰世、乱世的前奏？"

盛极而衰，几乎每个朝代都经历过这样的演变，本朝能否逃过这一宿命呢？龚自珍陷入深深的沉思。他铺开一本空白册子，拿起毛笔蘸饱了墨水，开始写一组新的文章。

书房中飘着淡淡墨香，二十五篇政论文断断续续地写完了。他将这组文章取名为《乙丙之际著议》，然后呈给庄绶甲。

庄绶甲捧着文稿朗声读道：

"衰世时，文章看起来像治世，外表也看起来像治世，一切表面上的音容举止都看起来像治世。人们都庸庸碌碌，听不到一个批评的声音，却以为是一切太平、无可指责。当今世界，既没有有才的官员，又没有有才的史官……不只是君子少见，小人也少见！"

文辞太犀利了！习惯了前辈学者一团和气的文风，庄绶甲对龚自珍锋芒毕露的文风感到心惊。他又往下念道：

"有才华的人出生在庸俗年代，庸俗的人们便会把他包围，不仅要戮其文章、名声，还要戮其

龚自珍铺开一本空白册子，拿起毛笔蘸饱了墨水，开始写一组新的文章。

声容笑貌。他们不用刀，不用锯子，不用水火，只戮其心。戮其能忧心、能愤心、能思虑心、能作为心、能有廉耻心、能无渣滓心。"

庄绶甲神色越来越严肃，仍继续读道：

"……祖宗的法没有不衰败的，大家关于变法的倡议是不可阻挡的，与其寄望于后世的人进行改革，不如从我们自身开始改革。我们的祖先之所以兴盛，难道不是因为革新了前代的弊病？前代之所以兴盛，难道不是因为改革了更前代的弊病？"

他把文稿放回书案上，劝道："宋代王荆公认为天变不值得畏惧，祖宗不值得效法，人言不值得忧虑，最后身败名裂。你这些文章是要招祸上身的，速速删去！"

龚自珍哈哈大笑，不以为然。

数年之间已积攒了不少诗文作品，他将稿子编成一集，《乙丙之际著议》也收入其中，题为《仁泣亭文集》。编好之后，郑重其事地抄写、题签，遍赠亲朋好友，又请友人陈裴之转赠一册给吴中名宿王芑孙。

王芑孙对年轻学子向来不吝关爱和提携。不

久，龚自珍收到他的回信，信中写道：

"之前承蒙你送我诗文各一册，读完之后，感觉你见地卓绝，一扫鄙陋。然而，诗中中伤、骂坐的语言，比比皆是。甚至上关系到朝廷，下涉及士大夫，口不择言，与世相悖。这样的文章流传出去，不仅对你不好，对龚氏家族也不好。如今你正当少年进取之时，何不多写些歌颂太平的文章？"

读罢来信，龚自珍很是失望。

嘉庆二十三年（1818），龚自珍参加浙江乡试，中了第四名举人。

房考官向启昌在乡试考卷上评道："自由出入于六经百家之中，冷静地切入论点而又能纵论时政，科举文中有此种文章，天下人都能有机会目睹麒麟、凤凰的风姿了。"极高的评价让他信心大振。

次年早春，他和朋友在江浙一带漫游山水，然后坐船到京城参加会试。

此番北上，他的心情十分愉悦。欣赏了一会儿沿途风景之后，从箧中取出一叠亲友的临别赠诗，一首首重新展读。只见一页薛涛笺上娟秀的

字迹写着:

"都门风景旧曾谙，珍重眠餐嘱再三。盼汝鹏程云路阔，不须惆怅别江南。"

这是母亲的赠诗，多么美好的祝愿！他心里泛起一股暖流。

"父亲二十八岁中举，而我才二十七岁。父亲当年乡试考中第五名，名次也在我之后。我一定能像父亲一样，在中举的次年考上进士，连传捷报。"龚自珍默默地想着，忽而又感到有些遗憾。"可惜外公没能看到我登第，若是外公还在世，应当倍感欣慰吧！"

一路顺利到达京城。为了图个好意头，他租住在丞相胡同。

礼部主持的会试在贡院中进行。会试结果出来，他落榜了。

龚自珍抱着过去写的两千多篇八股文，前去拜见父亲的同年进士姚学塽。

姚学塽读着文章，不时用手指叩击桌面，点头称善。读完几篇文章之后，忽然正色说道："你想知道自己为什么考不中，对吗？"

龚自珍点头称"是"。

姚学塽缓缓说道:"我文着墨不着笔,汝文笔墨兼用。"

龚自珍恍然大悟,科举文章是代圣人立言,只需阐释经籍义理即可,而自己在文章中经常借题发挥,议论时政,这是很容易犯讳的。

"科举是为国家选拔官员,如果不能建言献策,一味地拾人牙慧,又有什么意义呢?"他感到不解和委屈。

"八股文就是这样,不需要追问意义。"

龚自珍黯然拜别姚学塽。回家路上经过城西门楼胡同,这是他曾住过的地方。当年龚丽正在京为官,一家大小十余口只能租住在几间临街的简陋屋舍。龚自珍徘徊良久,昔日读书、晒书的情景历历在目。门里传来妇孺吵闹的声音,房屋已经易主,往事也只能回味了。

他想起一则轶事:唐德宗贞元三年(787),白居易带着自己的诗稿去京城拜会名士顾况,顾况调侃说:"长安米贵,居大不易。"如今偌大的京城,自己连住此陋室的资格都没有,他只能惨然一笑。

"也许只有书中蠹鱼还记得我吧。"他自嘲道。

他越想越愤懑，回到寓所，一把火把文章都烧掉了。

旧时经常游玩的陶然亭还是那么富于诗情画意。此时天气渐暖，园中柳放新绿，然而，在龚自珍眼中，这盎然的春意，弥漫着淡淡的悲凉之色。他在陶然亭的壁上题诗："楼阁参差未上灯，菰芦深处有人行。凭君且莫登高望，忽忽中原暮霭生。"

庄绶甲再次落榜了，邀请龚自珍一同前去拜见礼部主事刘逢禄。

刘逢禄是庄存与的外孙，主攻春秋公羊学，被庄存与认为"必能传吾之学"，在朝野间拥有很高的学术声誉。

看到满脸胡须、不修边幅的龚自珍，刘逢禄忍不住笑了。

庄绶甲说道："人不可貌相，定庵小友胆大如斗，文章能吓死人。"

"年纪轻轻便写出《明良论》《乙丙书》这

样的文章，真是后生可畏！"刘逢禄很赏识龚自珍的锐气，"砚北居士师从休宁戴东原，学识深厚，敦厚儒雅。为什么足下的文章却锋芒毕露，字字见血？"

龚自珍腼然说道："外祖父专注于治学，在下愧不能及。"

"非也，非也。"刘逢禄摇摇手，"学问门径千千万万，何必非作虫鱼考据？依我看来，足下倒适合治公羊学。"

龚自珍如实相告："在下虽跟随庄先生受学，所知并不多。"

"这不怪你。"刘逢禄哈哈笑道，"三国时期锺繇与严干辩论，曾说《左传》如掌管帝王膳馔的太官，而《公羊》如市井中的卖饼家。"

龚自珍也笑了。他熟读史书，当然知道这则轶事。

刘逢禄讲完笑话，忽然严肃地说："学者的第一要务是求圣人之道，圣人之道在五经之中，而《春秋》堪称五经之管钥。如果论切合时势之用，春秋三传中首推《公羊》。可惜西汉年间的儒学论作大多已经亡佚，还有义例可以寻到的也只不过数家。董仲舒、何休的学问都是治国的言论，可不是什么卖饼家。"

龚自珍听说公羊学可以治国，大感兴趣。

刘逢禄善于察颜观色，见龚自珍忻然意动，便问道："'《春秋》作而乱臣贼子惧'，你可知为何？"

龚自珍略微思考了一下，答道："《春秋》微言大义，每用一字必寓褒贬。轻重详略、远近亲疏、人情事理，尽在其中。"

"曲折褒贬只是一个方面。"刘逢禄说道，"更重要的是修整已然坏掉的部分，重新起用那些被废置却有用的部分。医者治疗疾病，不专攻已经生病的地方，而是根除生病的根源，再没有比《春秋》更能拨乱反正的了。"

"如何拨乱？如何反正？"

"拨乱反正，重点在于变通。所谓'穷则变，变则通，通则久'。足下大作《明良论》《乙丙书》中拈出的'改革'二字，恰是公羊学的精髓。"

刘逢禄的一席话让龚自珍如逢知己，异常欣喜。

"公羊之学正是我所追求的！"他拍案而起，

大声说道。

拜别了刘逢禄和庄绥甲，龚自珍回到丞相胡同的寓所，取出《春秋繁露》秉烛夜读，越读越有滋味，喜不自胜。

熹微的晨光恰如此刻豁然开朗的心情。

"从今以后，我读书只关涉家国大义，再不写一味称颂的文字了！"

他把一众繁琐考证的经学论著都扔进篓笥之中，难以抑制内心的兴奋，提笔写下一首诗赠予刘逢禄：

"昨日相逢刘礼部，高言大句快无加。从君烧尽虫鱼学，甘作东京卖饼家。"

落榜的阴霾一扫而光。龚自珍站在波光粼粼的北海边上，遥望远处碧瓦红墙的紫禁城，雄心壮志又被激发起来。

舆地学

道光元年（1821）春，龚自珍会试落第，捐资纳为内阁中书，开始到内阁行走。

刚到内阁不久，他就体会到这个衙门的沉闷之气。内阁大臣很少到阁看本，中书们常聚在一起聊天，有的点卯之后便开溜了，公务多半由候补中书的行走和书轮值去做。

第一次来到内阁书库，他便被深深吸引了。书库中弥漫着淡淡墨香，一排排书架矗立着，阳光透过窗户照进来，微尘在空气中轻轻飘荡，显得静谧而肃穆。每个书架旁边都贴着书签，写明图籍的名称。其中几排放着历朝丝纶簿，是内阁和军机处为皇帝草拟诏诰的底本。一件件文书关乎国计民生，以不容置疑的权威对帝国产生过深远的影响。

他轻轻地把文书翻开，上面还有不少各朝皇帝朱笔批改的痕迹。

再往里面是插架万轴的图书，有不少外间不见流传的孤本和古本。他随意拿起一册，封面题签写着"平定罗刹方略"，这是康熙皇帝钦命汇集的中俄两国交涉文件，不仅外间没有流传，连《四库全书》也未收。

"真是一座宝山！"龚自珍心里狂喜，将文书详细地做了摘录，写成《最录平定罗刹方略》。

师友得知龚自珍出任内阁中书，纷纷写信给他，有的勉励他继续治学，有的请他帮忙查找资料。

庄绶甲在信中说道："以足下天资，专门研习经部典籍，必定有所成就。儒家典籍流传日久，真伪杂陈，错讹百出，如果你能结合各个版本最终写成六经的定本，一定可以长久流传。"

在江南的时候，友人李锐和江藩都曾提过同样的建议。

"皓首穷经过一辈子？"龚自珍一哂，这才不是他要的生活。

他遍读公羊学的典籍，对"大一统""张三世""通三统"的理论早已烂熟于胸，也渐渐明白了常州学派的治学理路。公羊学以阐释《春秋》为主，刘逢禄、宋翔凤、庄绥甲等人力图将公羊思想推广到对《易》《书》《诗》《礼》的阐释中，以扩大其影响力。

"这就是通经致用吗？"他放下手中的《春秋繁露》，心中一片迷茫。"如果没有遇到鼎力革新的明主，公羊学不也只是空谈义理？"

国家政治日渐腐朽衰落，内忧外患交织，看来需要寻找更切实用的道路。

京城是人文荟萃之地。随着交往渠道的拓宽，龚自珍的眼界也越来越开阔了。

程同文专程来访，寒暄过后，说明来意："我正主持编修《大清会典》，不知你是否愿意担任理藩院一门和青海西藏各图的校理工作？"

西北史地是这个时期的热点，越来越多的学者认识到西北地理在军事上的重要性。龚自珍对这个领域很感兴趣，便接受了程同文的邀请。正好国史馆修订《大清一统志》，任命他为西北史地部分的校对官，他开始系统地阅读舆地学的著作。

《一统志》是官方修纂的地理总志，康熙二十五年下令编修，直到乾隆八年才完成。这部志书反映的是康熙时期的地理形势。经过雍正、乾隆两朝的发展，西藏、新疆、内外蒙古各地辖区职守又有许多变化，于是乾隆二十九年敕令续修。嘉庆十七年四月开始，又在前面两部志书的基础上进行重修，修撰工作直至道光皇帝继位时还没有结束。

龚自珍仔细校读一遍，发现书中对西北塞外部落的记载非常疏略，并且错误很多。

为什么会这样呢？他略一思索，便知究竟：自古以来，史志方略大多依据现成文献进行修纂，中原学者很少亲到西域进行实地考察，因此容易产生失误。

他想起老辈常说的一句话："以讹传讹，时间久了，就扭转不过来了。"一个电光石火般的念头出现在脑海里：读书致用，应当从舆地学入手。

经过两个多月的辛苦工作，《一统志》终于校完了，订正错误多达十八处。

龚自珍把书桌上堆积如山的典籍逐一放回原处，然后给国史馆总裁、提调、总纂官写了一封洋洋洒洒的长信。

信写好了，他满意地把信笺折起来，准备呈上去。

僚友接到呈函，说道："内阁中书的上书只能在二千言以内，你的上书已经五千多言，不符合规定。"

"还有这样的规定啊？"龚自珍大吃一惊。

"当然。各部衙门事无巨细，都是有章有法的。"

龚自珍只好把上书撤回修改。《一统志》的问题太多了，五千言已经非常精要，很难再删削文字。他逐字推敲，费了许多心思才删存二千言。

"证据都被删掉了，还能把问题说清楚吗？"看着删改之后的文章，龚自珍非常不满。

给国史馆官员的上书递交上去，却石沉大海，没有任何回音。

《大清会典》的校勘工作也做完了，龚自珍对西北地理已经熟谙于心。

他一边翻阅《史记·匈奴列传》，一边抄录资料。抄阅过程中，他发现，中原人对西北地区的认识是很模糊的。从先秦开始，因为族群语言、风俗、习惯的不同，中原人鄙称之为"西戎""夷狄"。汉代虽然多次出兵打败匈奴，也有凿空西域的壮举，但两者之间从来就没有形成长期稳定的统治关系，总是在依附、叛离中交替循环。

"西北是华夏的门户，这个门户却很难守好。为何不设置行省，移民充边呢？只要在边境开垦屯田，足食足兵，以边安边，西北就更加稳固！"

想到这里，他决定写一篇《西域置行省议》。

一日，同僚们聚在一起议论纷纷。回部白山宗张格尔从浩罕攻入天山南路，占领了喀什噶尔、英吉沙尔、叶尔羌、和阗四城，裹胁当地民众叛乱。

龚自珍问道："朝廷有没有出兵平叛？"

"皇上刚刚下令从东北调兵前去镇守。"

"从东北到西北两万多里，如此用兵岂不费时费力？"

"那有什么办法？西部没有常驻大军，只能从其他地方调动兵力。再说，自古以来西域都是可守可不守之地。国朝兴起于白山黑水之间，看重边地防守，派了领队大臣前去平叛，已属难得。"

"派了谁去平叛？"

"觉罗宝兴。"

龚自珍兴奋地叫道："宝公可是我的恩师！"

觉罗宝兴是他第一次参加顺天府乡试时的房考官，那年他只中了副榜。尽管觉罗宝兴也许早已不记得他了，龚自珍却毫不在意，写了一封上书，和《西域置行省议》一起呈给他，还专门请假前去送行。

觉罗宝兴看到龚自珍，只是微微点头，并没有认出这个年轻人。

龚自珍对觉罗宝兴执门生礼，"恩师此番出征，必将建立大功业。学生写了一篇《西域置行省议》，呈请恩师斧正。如果能在西域设立行省，西边隐患就能消除，从此稳定了。"

他怀抱一腔热情，希望觉罗宝兴能把这个想法转达给朝廷，可是觉罗宝兴只客套了几句，便推说公务繁忙，匆匆离开了。

原来，觉罗宝兴担任礼部侍郎时以事忤旨，遭到降职处分；不久后，又因刊刻《科场条例》时将"高宗"误作"高祖"，再降二级录用，以三等侍卫身份充任吐鲁番领队大臣。接连被贬已经心绪不佳，出使新疆又是情非得已，他根本无暇理会龚自珍的上书。

程同文在府邸中设宴邀请同仁聚饮，庆祝《大清会典》的完成。

龚自珍取出一叠文稿，呈给在座友人。程同文接过来一看，乃是一部书稿的目录和凡例。

"《蒙古图志》？"

"西域设置行省一事虽暂时不得施行，并不意味着西北之地不重要。"龚自珍说道，"人们对北方边境的了解仅限于典志中的零星记载，如果撰写一部《蒙古图志》，对国朝的治安方略当有所裨益。"

程同文没想到他有如此大的野心。撰述史志是一项非常艰巨的工作，中原地区文献流传有绪，纂修方志尚且需要汇聚众人之力，《蒙古图志》的难度就可想而知了。

"小友家学渊源于六书小学，与四裔学问并无太大关系，所追求的事业恐不易行。"他婉转地劝止这项工作。

"撰书不同于校书，正宜扬长避短。"秦恩复也有同样的忧虑。

面对两位前辈的质疑，龚自珍从容答道："小学中也有与史地之学相关的内容，西汉扬子云《方言》即是。今小学中有声韵之学，分为古韵、今韵、等韵三门，等韵中有西番一门，与在下所欲撰写之《蒙古图志》内容正好相合。等我空闲的时候用西番一门的内蕴推演，就可以通晓《蒙古图志》中的相关内容了。"

"小友学问恣博，如此可先撰《蒙古声类表》。"一番胸有成竹的话令程同文颇感意外，但他仍有疑问，"撰著史志大多依赖图书文献，不知你收藏西域图书有多少？"

"在下在上海道署中藏书有五万卷，四库未收之书百余种，西域史料却不多。"

程同文听到五万之数，流露出难以置信的神情。

"只多不少。"秦恩复和龚自珍是忘年交，过去常在一起讨论版本之学，知道他的根底。"我已经有幸观瞻过了，堪称珠玉满堂。"

龚自珍随意介绍了一些，程同文听罢羡慕不已。

"我从十余年前便开始留意西域图籍，凡是传世的珍贵本子皆或购或抄，故收藏颇丰。不如我们立个盟约，以后得了什么好书，彼此互相借抄，如何？"

"正合吾意！"龚自珍拍手称道，"昔日秀水曹倦圃曾与同仁提倡订立《流通古书约》，因为藏书家护惜秘本，不肯轻易示人，以致一遇兵燹水火，珍本便亡绝于天壤之间。若能广泛传抄、刊刻，便可使之流传久远。"

程同文从书房中取出一部古书递给龚自珍。"这里有一部乾隆时期的抄本《西藏志》，从未见外间流传，你编撰《蒙古图志》应该用得着。"

龚自珍喜道："有了这部书，再参阅和宁《西藏赋》，松筠《西藏巡边纪》《西藏图说》，百余年的西藏史就基本齐备了。"

程同文赞赏地看着这位青年才子，心里开始对

《蒙古图志》有了期待。

龚自珍把《西藏志》带回家中抄录，撰成《最录西藏志》，又取其中五篇外间未见流传的奏文选入新编的《续文断》中。

盛夏的傍晚，太阳刚刚下山，热气仍未散尽。龚自珍独自出门，沿着顺治门外大街走到徐松的府邸。

徐松正与朋友在厅事前的古槐树底下烹羊炊饼，置酒大嚼。见到比自己小九岁的僚友，高兴地说："老弟，过来喝酒，这是新疆人的吃法。"

在西北舆地学领域里，徐松堪称这个时代最杰出的大家。他在担任湖南学政时，因私自刊刻考试用书卖给生员，被判流放伊犁将近十年。伊犁将军松筠请他做《西陲总统事略》的增补工作，他趁着考察新疆各地的机会，撰写了《新疆事略》《西域水道记》等书进呈朝廷，嘉庆二十四年（1819）特赦回京，道光元年（1821）起用为内阁中书。

龚自珍一路上有些忐忑，担心向他请教西北史地问题会勾起他的伤心事，没想到徐松却并不将西

徐松正与朋友在厅事前古槐树底下烹羊炊饼，置酒大嚼，见到比自己小九岁的龚自珍，高兴地说："老弟，过来喝酒，这是新疆人的吃法。"

北之行当作伤心事，反而以跟朋友们剧谈西北边外风情为乐。

他从书房中拿出几卷碑拓，展开给龚自珍看。

"这是汉代的《裴岑碑》和唐代的《姜行本碑》，我在西北的时候亲自拓的。"

两部拓本墨迹鲜明，龚自珍仔细看过，赞叹不已。

他又打开另外两卷。"这两件是《唐索勋纪德碑》和《李氏修功德碑》，得自敦煌，历来目录均无记载。"

龚自珍在几件拓本上久久地摩挲，得知徐松历经辛苦才得到这些拓本，更是发自内心地佩服。

"西北边地虽然苦寒，军事上却极为重要。我有意撰写一部《蒙古图志》，梳理漠北喀尔喀蒙古、新疆漠西卫拉特蒙古、青海蒙古各部的源流，想向先生请教。"他诚恳地说。

"太好了！蒙古诸部落分布零散，又漂移不定，中原学者大多没有亲身经历，文献记载的错漏比比皆是。"徐松对龚自珍的想法大加赞赏，"我在西域时，借着撰写《新疆事略》的机缘，几乎遍游南北两路，详记山川曲折，绘为全图。《事略》今已进呈皇上，还有一部《西域水道记》也是在新疆时撰写的。《哈萨克世次表》和《布鲁特头人表》两篇文章勾勒哈萨克、布鲁特两部世系、地界沿革，也许对你有用。"

徐松取出所藏书稿，龚自珍迫不及待地拿起稿子细细阅读，书中记载内容极其丰富，前所未见。良久，他放下稿子，赞道："这两部书乃当世奇作，应该可以参考。"

徐松为人豪爽热情，龚自珍遍览了徐家的藏书，又借抄书稿若干，满载而归。

书架上舆地著作已经颇具规模，三月聚粮之后，要开始撰述了。

龚自珍准备了许多册子，将不同门类的内容分开抄录。察同辨异、条分缕析的功夫自不在话下，最难处的地方在于许多地方仅闻其名，却不知具体位置，需要细细寻绎。

他开始意识到这可能是一项事倍功半的工作。

一场秋雨过后，京城里落叶飘零，门前老槐树下也遍地金黄。龚自珍睡了个懒觉，醒来之后坐在被窝里，听着屋檐下滴滴答答的雨声，忽然很想念上海的父母妻子。京城秋意渐浓，上海或许依然温暖如春吧。

故人邓传密在直隶提督杨芳幕府中任职，冒雨从古北口过来拜访。同来的湖南人魏源刚刚以第二名的成绩考中举人，暂时还没有选派职位，被杨芳聘为塾师。

魏源早就听说龚自珍的大名，虽是初次见面，却一见如故。

"在下拜读过大作《西域置行省议》，此为千年治安之策，佩服至极。"

"亲故虽多有称誉，可惜至今仍未被有司采纳。"龚自珍随口应道。

"蒙古纵横万里，隶属于大清版图很久了，却无史志。"魏源毫不掩饰自己的仰慕之情，"听说兄有意撰一部《蒙古图志》，这是功在千秋的大著作啊！"

听了魏源一席话，龚自珍消沉的意绪一扫而空，高兴地请他们到书房里观阅自己搜集的图书和已经撰写的文稿。

魏源边看边说："乾嘉学人认为虫鱼之学就是实用之学，其实根本无助于经世致用。依我看，史地之学才是实学。"

"此话深得我心。"龚自珍已将魏源引为同道。"在下生于江南，长于京师，西北边塞竟生平未至，不免有纸上谈兵之憾。"

"的确困难。"魏源勉励道，"筚路蓝缕，开疆拓土，需要'虽千万人吾往矣'的勇气。"

窗外细雨飘萧，室内红炉温酒，三人尽情畅谈，不觉半天过去了。

翌日，邓、魏二人要回古北口了。龚自珍送了一程又一程，直到望见驻地才依依不舍地告别。

风雨过后，山中颜色渐深，长城如卧龙一般盘绕在古北口的群山之上。远处望京楼高高耸立着，经过上百年风吹日晒，显得无比沧桑。

龚自珍沿着荒芜的城墙登上最高处，饱览了长城风光，才返回城里。

阿芙蓉

十二月，京城里弥漫着低沉抑郁的气氛。

两广总督阮元拿办澳门鸦片商贩叶恒树，道光帝下诏禁止鸦片输入。英国水兵在沿海践踏农田，与当地农民产生纠纷，开炮打死了几个中国人。清政府严词声讨，却不曾得到任何回应。

朝廷上下的愤慨情绪持续了没几天，官员们就忙着辞旧迎新，不再把和外国人的这点小纠纷放在心上。

龚自珍被安排去轮值，独自留在京城过年。除夕夜，和同年彭蕴章一起宿于圆通观。

他一边喝酒，一边读着彭蕴章的诗，指着其中一首诗说："这首写得不错。"

彭蕴章看了一眼，说道："这是我最得意的一首。"

龚自珍一饮而尽，说道："诗为心声，不用全部心力必然写不好。过去家人见我思虑过苦，常常劝我少写诗。我也曾立誓戒诗，后来又破戒了。"

"文章者，经国之大业，不朽之盛事。何必要戒？"

"若只是求取文章之名，岂不易如反掌？大丈夫不能为国立功，即便文名满天下，又有何用！"

"道德、文章、功业，三者自然可以兼得。就像令叔季思先生，过去是馆阁词臣，如今在上书房为皇子授读，将来入阁拜相也大有可能。"

季思先生龚守正是龚丽正的胞弟，和龚丽正一样由伯父龚敬身抚养长大。嘉庆七年（1802），龚守正考中进士，与陶澍同榜。嘉庆九年（1804），皇帝临幸翰林院赐宴，他用柏梁体与皇帝联句，并撰写颂文呈进皇上，受到赞赏。自此之后，凡有庆典他便撰诗文志庆，屡次得到赏赐。

"馆阁词臣？"龚自珍"哼"了一声，缓缓说道："吾叔读的是五色书学问，红面者缙绅，黄面者京报，黑面者禀帖，白面者知会，蓝面者帐簿。"

二人聊到深夜，彭蕴章困乏难耐，沉沉睡去。

龚自珍取出从上海李筠嘉处抄录的《张青琱文集》，在油灯下细细品读，又写了一篇序文。直到鸡鸣三遍，东方露出了鱼肚白，才上床睡觉。

新春到来，大街小巷中响起了喜气洋洋的鞭炮声。龚自珍告别彭蕴章，独自去游法源寺。

龚丽正在京为官时一家人曾在法源寺附近住过，那时龚自珍才六七岁，家中的婢女常带他到寺中玩耍，一到这里他便在佛座边嬉戏，赶他也不走，寺僧因此打趣说他有佛缘。

转眼间十几年过去了，寺庙似乎没什么变化。丁香花开得正好，一串串白色、紫色、紫红色的花儿累累垂挂在架子上，芳香四溢。

他为家人上香祈福，恭敬地捐纳了财物，然后才走出寺门，信步来到旧时所居的胡同。

胡同深处有一处挂着黑色帘子的门楼，从里面传来靡靡之音，怎么看也不像普通百姓居住的宅院。一个形容枯槁的男子耸肩缩颈，打着哈欠，从巷尾匆匆走来，在门口急促地敲了敲门，和门里人说了一句什么话，然后推门进去。

龚自珍非常疑惑。胡同口有个卖冰糖葫芦的小摊，摆摊老人正在往山楂串上浇糖浆。他站在那儿买了一串，和老人聊了起来。

"老人家，这儿以前很热闹，现在怎么如此冷清？"

老人看了他一眼，说道："外地来的？"

"嗯，二十年前在这附近住过。"

"那就难怪了。这条街早就败落了，要说热闹，那是很久以前的事儿了。"

"那些挂着黑色门帘的门楼是什么处所？"

"莫问。"老人把冰糖葫芦递给龚自珍，低声说道，"莫去。"

龚自珍更加好奇。这时，一个人从黑帘后面走出来，全身消瘦无力，两眼朦胧，走路摇摇晃晃，却是一脸满足和享受，哼着曲子从他们身边走过。

卖糖葫芦的老人看着他远去的背影，对龚自珍说："看到那个人了吗？以前这几条街的商号、当铺都是他家的，后来因为吸食阿芙蓉上瘾，白花花的银子都流到烟馆里，产业也变卖光了，穷得叮当响。可怜他的妻儿原是何等富贵的少爷奶奶，现在都要做苦工，真是造孽啊！"

原来是烟馆。龚自珍早就听说吸食鸦片的危害，亲眼目睹之后仍震惊不已。

"还有更造孽的，为了抽大烟，把妻子儿女卖给人家做奴仆，或者卖到青楼做娼妓。还有自己忍穷不过，出去烧杀抢掠的。"卖糖葫芦的老人边说边叹息，"如今这京城里烟馆到处都有，你可千万要当心啊。"

"阿芙蓉毒害这么大，朝廷真该管制了！"

"烟馆进货渠道很隐秘，吸食的人都是熟客，很难查得出来。何况敢开烟馆的，哪个没点门路？一有风吹草动就关门了，查也查不到。"

龚自珍心情沉重地往回走。天上乌云密布，飞絮一般的雪花静静地飘落。

四月，龚丽正蒙皇帝召对，进京来了。

在山东汶上，他遇到另一位年轻官员林则徐，交谈之下互相欣赏，便结伴同行。

林则徐是嘉庆十七年（1812）进士，被选为翰林院庶吉士。在担任江南道监察御史时，河南巡抚琦善办事不力引发黄河大水，林则徐向皇帝直奏弊端，随后升任杭嘉湖道。在杭州时，他对不合理的制度进行改革，遭到同僚猜忌，遂辞官而去。

道光皇帝欣赏林则徐的才能，特地点名召见，对其加以安抚并重新起用。

公务忙完之后，龚丽正宴请林则徐，介绍龚自珍给他认识。

龚丽正祝贺林则徐重获官职，说道："足下此次出山虽然仍以道员任用，但皇上同意有道缺就可以补上，已经是非同寻常的恩宠了。"

"此等殊荣，在下也始料未及，今后唯有鞠躬尽瘁以报皇恩。"道光皇帝的抚慰和鼓励令林则徐很是感动，"在浙江为官不易，仅海上走私鸦片一项，便绝难禁止。"

龚丽正说道："鸦片走私败坏民风，应当命令属下严格查办，将贩卖之人按律惩治。"

"理当如此，可谈何容易！"林则徐摇摇头，

"去年年底两广总督阮大人向朝廷申明鸦片之害以后，朝廷重申禁烟令，结果也只是使鸦片买卖变公开贩卖为走私偷运而已。零丁洋水路四通八达，凡是福建、江浙、天津在外海泛船的都能就地交兑货物，鸦片销售的路子依然畅通。"

"眼下看似太平盛世，其实鸦片之祸已如暗潮汹涌，凶险莫测。纵观历史，治世之后必定是衰世，眼下或许就是衰世的开端。"龚自珍敏感地意识到，鸦片交易将使华夏大地发生翻天覆地的改变。

林则徐惊讶地看着龚自珍，这个比自己小七岁的青年不仅眼光锐利，言论也毫无避忌。

"鸦片泛滥，白银外流，今日十八省银价，着实令人担忧。"龚自珍用筷子夹起一个馎饦，"拿这馎饦来说，小时候一个铜钱就能买满月大小的一个，如今两个铜钱也只能买杯口大小的一个。什么时候能回到满月大小呢？恐怕要等五百年后了。"

座中人闻言色变，龚丽正喝道："胡说！这是什么地方，竟然信口开河，真是胆大包天。"

"无妨，诸位都是同道中人。"林则徐内心也有同样担忧，"内忧积累已久，外患更是迫在眉睫，沿海地区鸦片走私越来越猖狂，这是仁人志士的切肤之痛。"

龚自珍默默地点点头，喝干了杯里的酒。

龚丽正回上海了。

龚自珍把书稿和稀见资料都拾掇好了，交给父亲带回去。他准备全力投入写作中，年底之前完成全书初稿，这样回上海过春节时就可以校订付刊了。

秋风又起，龚自珍乡愁更重了。

一日，母亲寄来了家书，信中说家中遭遇意外，幸好一家大小平安无事。又说他独自一人在京城，一定要谨言慎行，不得招惹是非。

龚自珍读了又读，总觉得信中欲言又止，隐约透露着深深的关心和忧虑。

漏下四鼓，夜色深沉。外面忽然起了大风，如猛虎怒号，撞击着卧室的窗户。他沉沉地睡着了，梦中，母亲和妻子坐在昏黄的灯火下，喂育几个嗷嗷哭叫的孩子，见到他回来，埋怨道："你已经很久没有和我们共同辛劳了！"

龚自珍惊起而坐，只见油灯即将燃尽，残存的火焰还在跳动，一只猫瑟缩在帐褥之中。

他猛然想起，当年赴京赶考时妻子段美贞病逝，家中尚不告知。如今遭遇意外，为何不对自己明白说明？母亲在信中反复叮嘱他要谨言慎行，平日里自己总是口不择言，震惊四座，引得旁人瞋目而视，莫非有人向家里搬弄自己的是非，令他们焦虑忧心？

他又拿出信来，细看来似有斑斑泪痕，越看越心惊，再也不能入睡。

翌日早晨，龚自珍向有司递交了请假函，匆匆收拾行李南归。

腊月里大雪飘飞，江山苍茫。上海道署中有几处屋舍焦黑坍塌，藏书楼已不见踪影，只剩皑皑白雪遮掩下的断壁残垣。五万卷图书和无数碑拓悉数化为灰烬，《蒙古图志》稿本和资料统统烧毁了！

龚自珍望着空荡荡的土地，欲哭无泪。

那是十多年的心血呀！

"族中有人吸食鸦片，我欲将其驱走，他心生不忿，乃至纵火。"龚丽正懊恼地说。

"阿芙蓉？"龚自珍心痛如割，对鸦片生出深深的恨意。

"祸患起于家庭，不忍再言。只是你的书稿——"

龚自珍忍住心里的悲痛，宽慰父亲："柳子厚说，'黔其庐，赭其垣，是祝融之相我'。幸运的是家人都平安，已经是无止的福祉了。"

龚丽正被降一级留任，奉旨赔修衙署。遭此打击，一蹶不振。段驯平日已是久病之身，火灾之后时发噩梦，她在家中设佛堂供奉天台诸佛，日日念诵《圆觉经》。

龚自珍一边抚慰母亲，一边帮父亲处理要紧公文，招募工人修复衙署，直到第二年春天才重新进京。

早春，京城北边崇山峻岭之中积雪犹存，古北口到京城的道路曲折陡峭，马车不得不缓缓而行。

魏源从早上出发，快晌午了才走到长城脚下。

这是当日龚自珍和他道别的地方。这份初次见面就翻越万山相送的情谊让他心里一暖，想到不久前的误会，又有些怅然。

龚自珍南归之前曾写信拜托邓传密入京帮忙看管寓所，魏源随口说道："家书上没说发生什么事，又何必专门请假回去。刚幸运地补上一个职缺，如今又要开出一个职缺，明年春天回来还得重补，今年就算白干了。"

本是无心之言，邓传密也不以为意，说给龚自珍听了。谁知龚自珍大发雷霆，把魏源怒骂了一顿。真是个至情至性之人！

"一个人没有癖好不可相交，因为他没有深情；一个人没有瑕疵不可相交，因为他没有真性情。"魏源心里默默想着。

走了两日，终于来到京城。

宽敞的庭院打扫得非常清净，龚自珍斋戒沐浴之后，在老槐树底下摆设了香案，香案上供奉鲜花酒醴和一本小册子，却没有任何牌位。

见此情景，魏源惊诧问道："今天可是什么节日？"

"是书祭。"

册子封面题签写着"四库未收书百种名录"，魏源拿过来翻阅，只见册子所记载的都是未曾见过的书籍，有的甚至闻所未闻。

"这是兄的藏书？"

龚自珍点点头，一脸肃穆哀伤，"高宗时开四库馆，向天下访求佚书万余种，然而误收漏收者不在少数。阮芸台相国着力访得百余种进呈朝廷，被赐名为《宛委别藏》。我这百种图书又在《宛委别藏》之外，如今却毁于一场大火，难道不是老天嫉妒这些文章吗？"

他酹酒致祭，朗声诵读悼文。微风吹过，案上书册轻轻翻动，似乎在无声惜别。

魏源想要安慰他，却不知该说些什么。

狂生议

道光九年（1829）春，三年一次的会试又到来了。

贡院号房如同一排排的鸟笼子，无数举子怀揣着一飞冲天的美好愿望，从各地风尘仆仆赶到这里，进行人生中最重要的一场考试。

举子们排成长队，经过点名、搜检之后，鱼贯走入属于自己的席舍，然后大门关闭了。

夜晚繁星点点，显得遥远而神秘。龚自珍蜷缩在逼仄的号房里，久久难以成眠。望着黝黑深邃的天穹，想起了自己坎坷的科举经历。

嘉庆二十四年（1819），他首次参加会试，落第了。道光元年（1821）恩科，他又落第了。道光三年（1823），叔叔龚守正担任同考官，他需要避嫌，不能参加考试。道光六年（1826），和魏源同时应试，双双落榜。

从少年郎考到二毛之年，每回都是满怀希望而最终以失望告终。

刘逢禄是道光六年（1826）的会试同考官，会试结束之后，十分遗憾地说："浙江卷中有一篇写得高深奥博，当是定庵卷。隔壁湖南卷也有一份文气高妙，当为默深卷。两份考卷我都向考官推荐了，可惜都没有被采纳。"为此他还写了一首诗《题浙江湖南遗卷》，叹惜二生的遭遇。诗歌流传开来，人们把这二人并称为"龚魏"。

屡败屡战，"龚魏"又同时参加考试了。

龚自珍越想越愤懑，突然脑海里出现一个声音："我文着墨不着笔……"他觉得这次要委屈自己一下了。

翌日，一队车辆从朝堂出来，在内帘负责衡文取士的考官和在外帘负责管理考场的监试官穿着整肃的朝服进入贡院，各自就位，考试开始了。

首场考《四书》义三道，一是"欲速则不达，见小利则大事不成"，二是"或生而知之，至知之一也"，三是"夏曰校，至小民亲于下"。

龚自珍看清楚试题，略加思索，便下笔作答。

内帘中主考官与同考官同坐一堂，主考官坐在中间，同考官分坐东西两侧，每人面前都堆满了试卷。王植是第十房的阅卷官，他将从这堆试卷中挑选出佳卷呈给主考官，被挑中的卷子大概率会在主考官那里通过，通过的人将被推荐去参加殿试和朝考，成为进士。

看了几份，并无特殊之处，他又翻开一份卷子，突然眼前一亮，细细品读起来。

"写得不错。"读完前二题，他暗自赞赏。"文章气格醇简，不脱时艺之文的轨度。"

第三道题开头小讲写道："昔者三代之制，八岁入小学，十五入大学。小学学六书、九数而已，大学之道，在明明德，在亲民。"

"小讲简淡疏朴。"王植又赞了一句。继续往下看，文章越写越奔放，不仅与前面风格不一致，还时不时地使用上古文法，读起来非常奇怪。看着看着，他忍不住"噗嗤"笑出来。

隔壁房阅卷官温平叔侍郎听到笑声，探头过来看，低声说道："这是浙江卷，此卷言论怪异，喜用古文，应该是龚自珍的。此公好骂，若不荐他必定挨骂，不如推荐吧。"

"龚呆子的大名我也听过，若是此公卷子，倒也难为他委屈自己，将就八股写作的规则了。"王植从善如流，在卷子上贴上浮签，用蓝笔批注荐送理由。

第一场放榜了，龚自珍中了第九十五名。

廿一日殿试对策，龚自珍效法王安石《上仁宗皇帝言事书》，从施政、用人、治水、安边等方面提出了变革的主张，结果名列三甲第十九名，赐同进士出身。

廿八日朝考，试题是写一篇《安边绥远疏》。

看到这个题目，龚自珍不由得激动起来，这正是自己多年来专意研究的学问！几乎不用思索，洋洋洒洒地写道：

"自古以来，治理边疆的政策不过羁縻和控制而已。虽有英睿的君主，凭借强国之力开疆拓土，到了衰落的时代，仍有大臣主张放弃边疆，退而保全中原。……以新疆而言，每次发生战争，都要从东北三省调兵，又要从十七省筹饷，这并非好的策略。因为兵差费用多至巨万，被军队征缴的州县必然亏空。……边疆虽然地处偏远，难以防守，但也不宜轻言放弃。至于如何安边绥远，我以为应该采取以边安边的策略。天山南路种田，北路屯兵。南路若有事，则由北路出兵。……"

第一个写完交卷，龚自珍满怀信心地走出考场。

考场外围了许多士人，一位相识的人问道："此次朝考策论，不知定公如何应答？"

龚自珍大略说了自己的对策。

听者极为佩服，说道："本卷必得魁首。"

龚自珍对此深信不疑，呵呵笑道："此事攸关国运。"

殿试由皇帝亲自评定，众考官需要从答卷中遴选出十篇呈给皇帝御览，由皇帝评定名次。

主考官曹振镛早已听过龚自珍的大名，看完文章仍然大吃一惊，把考卷给其他几位考官传阅。众人看毕，面面相觑。

一位考官说："当日从东北三省调兵平叛，可是皇帝亲自下的旨意。"

另一位考官也说："张格尔侵扰新疆天山南路时，军机处重臣大多主张弃地，说新疆这个地方拿下它虽然不难，但守卫它就太浪费财力了。如果竭尽内地的财力用于外表的安定，跟散掉有用之物来帮助无用之物没什么两样了。"

"幸好最终把张格尔平定了，没有白白浪费人力物力。近日负责平定边疆的伊犁将军长龄向皇上建议释放大和卓木的儿子阿不都里，让他统辖西北的喀什噶尔、英吉沙尔、叶尔羌、和阗四城。"

"钦差大臣札隆阿也说没有必要守卫西四城了，这些地方只会是兵力投入的无底洞，得不偿失。"

几位考官都很清楚，朝廷里主张弃守的大臣占了大多数，而皇帝并没有表态。龚自珍的答卷中明确主战，一旦上呈皇帝，难保不被视为考官的立场。

曹振镛陷入了深深的沉思。半晌，大笔一挥在考卷末尾写下评语："楷法不中程，不列优等。"

依照朝廷规定，一甲三人可以直接入翰林院任职，其余优秀者可到翰林院修习，称为庶吉士。翰林院是培养高层次官吏的机构，三试三不及格，不得入翰林院，意味着在仕途上很难有所作为了。

新晋进士依照惯例外放为官，龚自珍被派到外地担任知县。他拒绝新职，申请仍回内阁担任中书。

魏源再次落榜，暂时寄住在龚自珍的上斜街寓所。

徐松拎了一壶酒来找龚、魏二人对饮。

龚自珍给自己满斟一杯，仰头饮尽，苦闷地说："默深兄，我虽先你一步会试得中，却也同以前没什么差别，你我依然是旧时'龚魏'。"

魏源拍了拍他的肩膀："曹振镛做了几十年太平官，步步高升，秘诀就在于多磕头，少说话。碰上他，只能说是运气不好。"

徐松给二人的酒杯倒满，"内阁中书职位清闲，正适合读书著述，没什么不好。"

魏源说道："定庵有志于经世致用，如今却只能屈居中书闲职，所以心中不平。"

"内阁中书原本并非闲职……"龚自珍在内阁行走的时候，详细考察过内阁和朝廷部属的建制。

"雍正以前，内阁是辅佐皇帝处理政务的中枢机构，在整个帝国行政体系中拥有很高权威。后来从内阁分出军机处，随着军机处权重越来越高，凌驾于内阁和六部之上，内阁便衰落了。"

"那些都是往日繁华，如今时局多变，往日不再，再想也没什么用。"

夜阑人静，中庭寂寂。龚自珍越想越不服气，披衣来到书房，挑灯写了一封《上大学士书》。

魏源从头到尾读完，摇头道："军机处大臣原本由内阁学士充任，军机章京由内阁中书充任，如今内阁学士与军机大臣分开，内阁、六部各送军机章京的人数对等。足下详述源流因革，有理有据。然而你所提倡的大学士到阁看本，以及六部专办六部之事，停止六部司员送军机处，实则欲削弱六部权力。其间牵涉众多利益，这种方法也只能是一种设想啊。"

"此法若得以施行，必使内阁气象一新。"龚自珍仍然负气坚持。

重新到阁的首日，他呈上了上书。

数日之后，内阁和六部中传遍了"狂生"之名。

"我真的很狂吗？"龚自珍和魏源一边喝酒，一边聊天。

"一箫一剑平生意，负尽狂名十五年。这本是你的名句。"魏源道。

龚自珍发出一声爽朗的大笑。

魏源因父亲去世，回扬州奔丧去了。

夏天，军机章京的选拔开始，龚自珍报名参加。

军机章京是军机大臣的属官，负责处理与军国要务相关的文书工作。因为比较接近皇帝，容易得到超越常规的提拔和重用，是很多人羡慕的职位。

军机章京分为汉章京和满章京，在内阁中书和六部郎中、员外郎、主事、小京官中挑选。汉章京已经多年没有选补，这是个难得的机会。祖父和父亲都曾担任过军机章京，龚自珍希望自己能够延续家族的荣光，更希望自己能有机会一展抱负。

考试这天，六部司员聚在一起议论纷纷，指指点点。

"他就是龚自珍，提议不让六部选派章京的那个人。"

"一介狂士罢了！会试放榜之后，上榜者都去拜见房师，只有他不去，还说'实稀奇，乃无名小卒王植也'。听说王植是怕被他骂才推荐他的，谁知推荐了也免不了挨骂。"

"他还说自己能否考上，要'看伊家国运何如'，好像没了他大清朝就不行了。"

"此公有些才学，但字写得不行，考差不可能通过的。"

军机章京考试结果出来，龚自珍再次铩羽而归，评语仍是"楷法不中程式"。

徐松开玩笑说："你不能作小楷，断断考不得差。如尊夫人考，倒是可以。"

龚自珍讪讪一笑，喝干了杯里的酒。

案头有一叠诗稿，是新作的《小游仙词》：

"丹房不是漫相容，百劫修成忍辱功。几辈凡胎无觅处，仙姨初豢可怜虫。……仙家鸡犬近来肥，不向淮王旧宅飞。却踞金床作人语，背人高座著天衣。"

徐松读着诗，忍不住放声大笑。

"何必骂得如此难听！"

徐松走后，龚自珍独自喝得大醉。

宣武门南边，京朝士大夫多居住于此。

或是消寒之日，或是春秋季节的和畅之日，或是欧阳修、苏东坡的寿日，士人们常聚在一起吟咏唱和。

春夏之际，姚莹邀龚自珍等人在丰宜门外尺五庄聚会吟诗。七月十五日，胡培翚召集同仁在寓斋绘图吟咏，斋祭汉代大儒郑玄。寒日到来，龚自珍邀请吴嵩梁、姚莹、徐宝善等八人举行消寒会，分别吟咏家乡食物。不多久，徐宝善也在寓斋中举行雅集，以家传《邃园修禊卷子》传示众人，请诸人题咏。

陈沆主持宣南诗社，邀龚自珍参加五簋会。五簋会名副其实，簋以五为限，客人也仅有龚自珍、何绍基、何绍业、黄洵、包世臣五人，都是善饮好辩之士。每次聚会一定吟咏唱和，纵论上下五千年历史。

几度寒来暑往，科考的悲欢在时光流逝中慢慢淡去。

程同文在奉天府丞任上突然身体抱恙，于辞官回乡途中去世了。陈沆、谢阶树、郑师愈、刘逢禄、庄绥甲也相继离世。

人生如寄，故友零落，悲凉之感萦绕于心，久久不能散去。龚自珍来到凤凰岭下的龙泉寺，寄住寺中净心斋戒。

在京城众多名刹中，建于辽代的龙泉寺只不过是一座不起眼的庙宇。龚自珍却喜欢这里的清幽僻静，人迹罕至。站在空旷的庭院里，看着熔金般的落日余晖消失在山岭上，夜晚的天空无比深邃广阔。明月渐渐西移，终于被森森的长林遮住了，璀璨的光辉刹那间黯淡下去，只剩下大星在闪烁着。

想到自己的抱负再难实现，积郁心中的悲愤喷涌而出，他朗声吟道：

"秋心如海复如潮，但有秋魂不可招。漠漠郁金香在臂，亭亭古玉佩当腰。气寒西北何人剑，声满东南几处箫。斗大明星烂无数，长天一月坠林梢。"

吟诵声穿透庭院，惊起山门口翠柏上几只老鸦。

寺僧惟一诵读晚课完毕，与龚自珍结跏趺坐。

"居士也奉天台？"

"然。"

"居士何以奉天台？"

"佛具佛性，我知之。九界具佛性，我知之。九界具九界性，我知之。佛具九界性，独未之闻。至读天台性具宗，骇而得之。"

惟一取出一册书递给他："如果诵读《三千有门颂》，居士又有什么心得？"

龚自珍接过来一看，是宋代陈瓘所撰著经书，平生未曾见过。遂在寺庙净室中读经，苦思七昼夜，终于了悟。对惟一礼敬道："以弥陀性具法界中之我，念我性具法界中之弥陀，三昧立证。"

他双手合十，万分欣喜，心中烦恼一扫而光。

城南有泉脉从水头庄来，向西北流为草桥河，河沿水清土肥。

出右安门往西南一里左右，沿路两边是大片花田，种植着芍药、海棠等四时花卉。每天早晨花贾担花入城，士大夫们争相购买，十钱便可得数花，配以短几长瓶，一室如春。

花之寺就在这花田之中。

杨懋建初到京城，不知花之寺的位置，去问年伯御史中丞朱士彦。朱士彦正与平湖人徐士芬闲谈，听到"花之寺"三字，笑道："这个名字一定是你的同年起的。"徐士芬与龚自珍乡试同榜，听完只微微一笑。

杨懋建不知其详，等到真正到了"花之寺"，才知道其实是一座三官庙。寺中种了许多贴梗海棠，有十围粗的大概八九十棵，花枝掩映，湘帘四垂。

暮春时节，风吹得花落如雪。龚自珍邀请应诏入京的宋翔凤、魏源、包世臣、端木国瑚等十几友人到此游赏，在海棠树下席地而坐，高声吟诵《西郊落花歌》。

杨懋建听了一会儿，赞道："好诗！"

龚自珍问道："兄读诗否？"

"读诗，亦能作诗。"

"可曾读《长恨歌》？"

"当然。"杨懋建信口背了出来，"汉皇重色思倾国，御宇多年求不得……"

背到"回眸一笑百媚生"，龚自珍突然喊道："停！"

杨懋建停下来，不解地看着他。

"这句诗形容勾栏妓女则可，岂能用来形容贵妃风度？白乐天真乃千古恶诗之祖。"

杨懋建听了龚自珍的话，站起来恭恭敬敬地行礼。"兄有如此见识，必非常人，敢问尊姓大名？"

龚自珍向他拱手行礼，做了自我介绍。

杨懋建问道："这里境地清华，非常适合游览欣赏，真的是北方的好地方。然而，'花之'两个字过于新奇艳丽，文人雅士不会喜欢，你怎么也落入了这种恶俗趣味？"

"杨兄此言差矣。"龚自珍指着壁间曾燠的诗帧和题匾，"昔日罗三峰流落京城，寓居寺庙以卖画为生，曾经自称梦见自己前生为花之寺僧，所以曾宾谷在重修三官庙时便戏题其名为'花之寺'。至于寺中海棠，其实是董文恭公（董诰）寓居京城时亲自栽种的。"

赏玩良久，龚自珍派童仆从附近尺五庄沽酒买肉，到寺中席地宴饮。

士子们在各地幕府任职，精熟漕运、盐法、河工、农业等政务，三杯两盏之后开始议论时政。

"京城里都食用太仓米，每运一石米到京，经常卖到东南价格的二三倍。长安米贵，确实如此啊。"宋翔凤说道。

包世臣以手击地，说道："督粮官收米，一石只按七八斗米算。数千里的运河，经过各个闸口都要缴费，督运催攒有费，淮安通坝验米有费，凡此种种，最终的费用都落到了百姓头上。故京城米贵，东南小民也是苦不堪言。"

"近年实施漕运改革，便是针对此中弊病。"魏源离开京城之后，一直在江苏布政使贺长龄幕府中协助改革漕运，"我们在上海设立海运总局，粮食从海上运至天津，已大大缓解了漕运压力。"

"海运畅通自然有利于南北往来，然而若不注意监管，导致海禁的松弛，那么就会私贩猖獗，鸦片泛滥，又造成祸害。"

"平定张格尔叛乱时，每年花销一千万两银子，占了全年税收的四分之一。大战过后，国库空虚。欧罗巴能造坚船利炮，一旦强行叩我国门，不知如何抵挡。"

士子们论及国政，无不瞋目裂眦。

"衰世的光景已经显露。"龚自珍以手击髀，吟道："日之将夕，悲风骤至，人思灯烛，惨惨目光，吸饮暮气，与梦为邻。"

酒阑曲终，听者皆感慨流涕。

杨懋建叹道："国朝近二百年来，从没有士林谈论朝政的风气，如今已经变了。"

何颉云

道光十六年（1836）正月，风雪席卷了北方大地，京城里一片寒冷萧条的景象。

天晴了，何颉云指挥仆人把庭院打扫得干干净净，重新糊了窗纸，换上新的门帘、窗帘。院子里枯败的花草也清理干净，泥土里埋下了一些新的种子。站在窗明几净的屋舍下，看着孩子们在庭院里嬉戏玩耍，何颉云非常满足。

龚自珍接到一封信笺，看完之后脸色异常凝重。

"元凤判了，充军张家口。"

王元凤是个年轻有为的官员，担任桂阳州知州时因为制服当地豪强，平定瑶民叛乱，受到朝廷的嘉许，改任为陈州府知州。豪强趁他入朝觐见皇帝，捏造罪名进行构陷。使者审讯时又偏听一面之词，判决他发往军台效力。

何颉云低声问道："没人为他辩解吗？"

"都知道元凤的冤屈，却没有任何办法。"龚自珍叹道。

王元凤启程这天，龚自珍专门请了五天假去送他。一路走至居庸关，翻越八达岭，直到望见张家口，才依依告别。

王元凤拍了拍好友的肩膀，仍是一副豪气干云的样子。"元凤足迹遍中华，唯独未曾到过西北塞外，没见到西北之壮阔。此次可以骑骆驼，佩短刀，往来于风沙之中，也是人生之一快事。"

龚自珍被王元凤的襟怀感动了，说道："我正在撰写《蒙古图志》，塞外部落山川尚未有图，请你为我完成此图。"

王元凤一口答应，临别把妻小托付给龚自珍。

龚自珍将潘阿细母子领到烂面胡同寓所，和家人居住在一起。

何颉云感到很为难。自从龚丽正去职之后，龚家的经济状况大不如前。龚自珍每年俸银六十两，俸米三十石，只够维持家里的日常生活。而他挥金如土的习惯又没有丝毫改变，仅是从嘉兴文后山处购买的赵飞燕白玉印章，加上一件宋拓《汉娄寿碑》，就花了五百金。

龚家原先在上斜街有一处宅院，后门通到皮库营，东边到四川会馆，有阔十间的两层小楼。西院石、山、亭子俱全，房间大约四十余间，还有一大片空地。道光十一年（1831），龚自珍以二千二百两银子的价格将这处宅院卖给番禺人潘仕成，举家搬到法源寺附近的烂面胡同租房子住。

这几年结交朋友，饮宴集会，购买古物图书，家中已无分文积蓄。

潘阿细说道："我是云南人，娘家回不去了。如今元凤被人诬陷，无法自保，已经走投无路。"

何颉云心软了，默默点点头，收拾出一间屋子给她们居住。

潘阿细母子的到来让龚家陷入困难境地。何颉云悄悄典当首饰以贴补家用，书和古玩是龚自珍的心爱之物，她不敢私自处理。潘阿细似乎察觉到龚家的难处，主动把自己的发钗交给何颉云去典当。

龚自珍得知这件事，责怪妻子："阿细寄人篱下已经很可怜了，怎能要她的财物呢？"

何颉云说道："是她自己把发钗给我的呀。"

"那也不能要！"龚自珍仍不高兴，"等领到俸禄以后，马上把她的发钗赎回来。"

一场传染病侵袭京城，潘阿细的儿子不幸感染，不治而亡。龚家拿不出钱来帮助收殓，只好将他草草埋葬在城外。潘阿细日夜思念儿子，悲痛欲绝，没多久也病死了。

龚自珍借钱置办了一副薄棺，将潘阿细葬在居庸关附近的山上。新坟矗立在荒山野岭间，正对着张家口的方向，仿佛在遥望她的丈夫。

"这里离元凤最近，请安息吧。"龚自珍在坟前种下一棵枣树。

令他倍感愧疚的是，直到潘阿细离世，发钗也没能赎回来。

龚自珍生病了。

从朋友家聚饮回来，忽然感到异常难受，不停地咳嗽、呕血。何颉云派人请了医生，医生诊断之后说是"积瘀所鼓，肺气横溢"，是长期忧虑抑郁所致，开了药让他服食。

"你平日喝酒太多了，以后要少喝点。"何颉云一边照顾他，一边开解，"我知道你心中烦闷，只是酒易伤身，还是要保重自己。"

"我又何尝不知。"龚自珍卧在床上，脸色苍白，"只是事事不如意，又久别家乡，实在是一腔郁闷无处排解。"

龚丽正于道光七年（1827）秋离开京城，应邀回杭州紫阳书院主持讲席。自那时起，龚自珍已经将近十年没见过父亲了。他已改任宗人府主事，但仍不是理想的职务，心里不时兴起归隐之念。

"如果你想辞职回去，我们便回去罢。"

"且买青山且鼾卧，料无富贵逼人来。"龚自珍长叹一声，仕与隐是令人纠结的问题。"并非没有归隐的愿望啊，只是我方才四十，正是应当入仕的年龄，政局还没有变革，我便要抽身而去，若以后有建功立业的机会，我再出仕，会被天下人耻笑的，还是看看机缘吧。"

服过几帖药之后，龚自珍感觉身体大有好转，于是徒步出门寻友人剧谈，以散郁闷之气。归来之后病情并未加重，便不把病痛放在心上了。

长子龚橙已到弱冠之年，生性放浪不羁而又孤僻寡言。曾参加过乡试，一试不中便想弃考，龚自珍不得不时时督促着他。

"今年乡试开考，但愿橙儿能够中举。"何颉云对丈夫说。

"橙儿博览群书，在同辈中已算出类拔萃。"龚自珍对儿子很有信心。

"我却不怎么见他作时文。"

"时文也作了一些。"龚自珍说道，"前日我给他命题，以'子绝四'为节题，他写的帖义竟用了《道德经》'天地不仁，以万物为刍狗；圣人不仁，以百姓为刍狗'，真是出人意料！"

何颉云问道："却是为何？"

"'子绝四'出自《论语》'毋意，毋必，毋固，毋我'，无非是去执之意。天地将万物一视同仁，圣人将百姓一视同仁，也是去执。可见他不仅理解经典，还能触类旁通，用老庄的话来解读儒家的观点，可不比死读书强许多？"

"橙儿是有些聪明才智，可往往不能遵从规矩。"何颉云并不那么乐观，"整日跟京城里的色目人牵黄擎苍，弯弓盘马，不知道的还以为他是胡儿，简直是胡闹。"

"怕什么？汉人是人，色目人也是人。多学几种异域语言，于治学有益无害。"

八月的顺天府乡试，龚橙竟没有参加。

道光十七年（1837）二月京官考核，龚自珍获得京察一等引见记名的荣誉，按例可以选受言职。不多久，吏部的文书发下，实放湖北同知。

地方长官的收入是要高于京官闲职的。龚丽正担任徽州知府时，便能养活一群幕僚以及家中十几口人。龚自珍知道这是个机会，起码可以解决家境问题，然而王元凤的遭遇让他看到地方官的困境，他宁愿留在京城任职。

"京城虽好，你的职务却是闲职，不如去外地，或许能别开生面。"何颉云很不理解。

"你知道，我性格刚拙，并不擅长整治俗

务。"龚自珍说道，"如今各级吏治越来越腐败，州县长官虽有些特权，但要承担催收租税、镇压叛乱的义务，而且前任官员盗用公款的亏空，往往导致接任者陷入繁杂的诉讼。"

何颉云是南方人，北上多年始终不能适应北京的气候和饮食。白白错过一个回南方的机会，让她感到有些气恼。

龚自珍道："南方气候温润潮湿，不如北方人气朴实，说起居住环境，还是北京比较好。"

"你是在北京长大，自然觉得样样都好。又怎么能理解我呢？"

"倒也不是为自己着想。咱们的两个儿子都很聪明，京城读书环境最好，哪怕将来科举不成，改学蒙古书，通喇嘛教，做个通事官，也就不用去从事书记、馆师之业了。"

何颉云气消了，还有什么比孩子们的前程更重要呢！

到交租的日子了，何颉云来到书房跟龚自珍商量如何应对。

龚自珍正在写东西，没听清楚她的话，头也不抬地问道："你说什么？"

何颉云说道："该交房租了，能不能想想办法？"

"我能有什么办法？"碰到生计问题，龚自珍便一筹莫展。

这时响起了敲门声，何颉云打开门，原来是房东大婶带着两个孩子来催讨房租。龚自珍尴尬地搬出凳子，请她坐下。房东大婶并不买账，说道："我看你是个做官的，应该有钱，才把房子租给你。说好准时缴租，可是你们一拖再拖，已经拖欠好几个月了。"房东大婶带来的两个孩子蹿到炕上，到处乱翻。

何颉云费尽唇舌，好话说尽才把她送走。

交不起房租的龚家被撵走了，只好找朋友借钱重新租了一所房子。

龚自珍留任京城的呈请被批准了，改任礼部主客司主事。

正六品的俸禄仍旧菲薄，常常入不敷出。经吴葆晋和廖甡介绍，他认识了南海人吴荣光。

吴荣光在湖南巡抚兼署湖广总督任上因事降职，正在京中候补。他精于鉴赏金石，收藏丰富，准备聘请一人整理筠清馆中的藏品，龚自珍表示愿意负责撰稿和校订的工作。

"那就拜托了。"吴荣光感激地说。

室外下着小雨，二人在书斋中详细讨论《吉金款识》的体例和注意事项，一边品茗，一边畅读吉金乐石、奇文异字，度过了一个非常愉快的下午。

吴荣光被任命为福建布政使，离开了京城。龚自珍极为投入地对待这份工作，每日里阅读文本若干卷，撰写若干器物款识。他本就擅长集聚拓本、钻研群经，极谈古籀形义，工作因此进行得非常顺利。

新租的房子跟吴式芬家只隔一条巷子。吴式芬精通上古文字音韵之学，收藏了许多鼎彝、碑碣、汉砖、唐镜的拓本，正在撰写一部著录商周青铜器铭文的《攈古录》。自从毗邻而居，龚自珍常与他一起切磋金石文字。

《吉金款识》撰了十二卷，即将杀青。吴式芬读毕赞道："此书精于文字考释，学力之深，世上没什么人能够匹敌。"

龚自珍将书稿誊抄一遍，呈请阮元斧正。阮元是前辈名宿，被奉为一代文宗，《吉金款识》一书正是仿效他的《积古斋钟鼎彝器款识》而作。他阅毕书稿，只在数处地方用夹签写明批注意见，都是一些小修小补。

得到阮元的肯定，龚自珍决定结束这项工作了。以其收藏和研究金石文字的功力，他对这部书的水平是有信心的，个别犹疑不定的地方也不假掩饰。

"文章千古事，得失寸心知。"龚自珍对廖燧说道，"弟这就算缴卷了，以后恐怕没有时间全部审核校对了，希望能有比我渊博敏捷十倍的人可以促成此书。"

廖燧刚被选为四川夔州知府，即将出都赴任。作为撮合者，他由衷地高兴。

"夔州是西南上腴之地，禄入甚厚。"他慨然允诺，"君集一百卷还未刊行，我将负责一半集子的刊行工作。"

龚自珍万分感谢，说道："《吉金款识》为全集之一种，若能在粤刊行，甚好。"

得知龚自珍已经离开老父十年，心中常怀辞归之念，廖甡又说："君有归养之志，明年我会寄给你俸禄，资助你整理行装。"

龚自珍给吴荣光写了一封信，详细告知工作的进度，又告知欲将此书刊刻的计划。不多久，吴荣光从福建寄来了回信，说要与他绝交，请他将书稿交给陈庆镛。

龚自珍莫名其妙，随即去信问明缘由，已无任何回复。

墨本生活没有做成，幸好好友何绍基给他送来钱粮，帮助他暂时渡过了难关。

莼鲈思

道光十八年（1838）九月二十七日，龚守正以吏部侍郎兼署礼部尚书，同月三十日，就龚自珍应否回避的问题向道光皇帝请旨。道光皇帝下谕：

"龚守正奏嫡堂侄礼部主事龚巩祚应否回避，龚巩祚着照例回避。"

回避制度是古时为防止官员利用亲缘、师生等关系徇私勾结而制定的任官制度。按照回避制度，同样任职于礼部的龚自珍只能调到其他部门，或者自己请辞，不再担任官职。年过不惑，他对仕途已灰心失望，但一家老小需要养活，不得不暂且忍耐。

一个多月过去，吏部还没有调派新职。

冬天转眼到来，连日阴霾之后，京城下起了暴风雪。

龚自珍家里更是雪上加霜。吏部没有安排新职位，一年的俸禄又被罚没了。在租住的小房子里，儿女们又冷又饿，灶中没有柴草可烧。何颉云看看儿子冻得乌黑的嘴唇，又看看女儿浮肿发紫的手脚，难过得暗自落泪。米缸也快见底了，量入为出，只能喝稀粥度日。

"家里快揭不开锅了，去找人借钱籴米吧。"

京城的亲友已经借贷遍了，他不好意思再开口。距离最近又有能力接济的朋友，只有直隶布政使托浑布。托浑布是蒙古正蓝旗人，性情率直，急公好义，在京城时与他过从甚密。

龚自珍租了一辆驴车，出发去河北。

直隶布政使府署在保阳，距离北京三百里之遥。车子经过广阔的华北大地，大雪覆盖的道路又湿又滑，龚自珍不得不时常下来牵着驴子走路。路边田地里小麦刚到分蘖期，大半根茎被埋在雪地里，只露出翠绿色的叶尖。

雪地里，几个农夫正查看小麦情况，叹道：

道路又湿又滑，龚自珍不得不时常下来牵着驴子走路。

"今年天气如此寒冷，小麦受冻严重，怕是要影响收成了。"

"种地就是靠天吃饭，老天爷能保佑我们吃得上饭，也就满足了。"

龚自珍听到农夫的话，很为他们感到心酸，却不曾意识到，自己也正在借钱籴米的途中。

托浑布见到故人，非常高兴。得知龚自珍被夺俸，家里陷入困境，即刻慷慨解囊。

"定庵兄日后有何打算呢？"托浑布问道。

"国事如此，仕途无望，或许要效仿陶彭泽赋'归去来兮'。"龚自珍说道，"在下从京城一路走来，眼见华北平原数百里皆被大雪覆盖，只怕明年将是饥荒之年。托公在此主政，望请事先做好预防。还有，如果提倡种桑养蚕，必定能让百姓度过饥荒。"

"兄处境艰难，仍未忘怀国事，真天下士也！"托浑布被他的情怀感动了。

"我这算不算越俎代庖呢？"听到托浑布称自己为"天下士"，龚自珍想起年少时的抱负，自嘲地笑了。

他坐上归程的车子，高声吟道："读书一万卷，不溥侏儒饱。掌故二百年，身先执戟老。苦不合时宜，身名坐枯槁。今年夺俸钱，造物簸弄巧。相彼蝌蝌梅，风雪压欹倒。……"

托浑布的馈赠还了房租，买了柴米，尚有盈余。

十一月，湖广总督林则徐从武昌入京，龚自珍得知，前去拜访。

林则徐在各省历任要职，变得更成熟稳重了。"此次进京，除了述职之外，还有一项要务，皇上指派在下去广州主持禁烟。"

龚自珍曜地站立起来："早该如此！夷烟不禁，货币外流，帝国的财政就会被拖垮。这十几年来多次下禁烟令，并无明显成效，只因朝廷上奸贼唯利是图，故意阻挠禁烟，导致今日被动的局面。"

道光十六年（1836），太常寺卿许乃济奏请鸦片输入照药材收税，除官员、士子、兵丁外，听任民间贩卖吸食鸦片，允许各地种植罂粟自制鸦片。

此论遭到内阁大学士朱嶟、给事中许球的激烈反对，从此朝廷上便产生了禁烟派和弛禁派，两派反复论争，相持不下。

道光皇帝曾命广东官员讨论许乃济弛禁议，定出弛禁章程九条。此后数年，鸦片贩卖越来越猖獗，清帝国的对外贸易从顺超变成逆超，每年有几万箱鸦片从沿海进入内地。从官府衙门到民间百姓，萎靡无力的病夫越来越多，甚至军队中也有不少士兵染上毒瘾。

一想到这些，龚自珍和京师志士们无不为之切齿。

林则徐用手指叩击桌面，说道："夷人在南洋设立东印度公司，以船贩运鸦片至澳门，又从广州贩至全国各地。只要在广州进行拦截，便可销毁大量鸦片。然而，如今各地衙门督抚有一大半吸食鸦片，幕友、官亲、长随、书办、差役，吸食者也占了十之八九，他们都是有能力包庇鸦片贩卖的人。"

"这场战役可不容易打，不知能否让我一起去？"龚自珍自告奋勇。

林则徐愣住了，应道："这需要请旨，兄且等我消息吧。"

龚自珍耐心地等待林则徐的音讯，想到要和好友一起打这场硬仗，便感到无比兴奋。广州是天高皇帝远的，鸦片商贩与官僚勾结，要对付这些走私商贩，必然会得罪他们背后的势力，而这些官僚又与朝中高官有千丝万缕的联系！他思考了禁烟可能碰到的种种困难以及可行的应对方法，写了一篇《送钦差大臣侯官林公序》。

一个月过去，林则徐并没有给他回复。

通州运河码头，林则徐告别送行官员，带着侍从坐上了官船。逗留京师的这段时期，他时刻准备皇帝的传召和问话，应对朝中官员的各种问难，几乎没有空闲的时候。

终于可以歇一口气了。他取出一叠信笺，一封封拆开细读。终于，看到龚自珍的赠序了。序中写道：

"禁烟之举，有三个重要意义：其一，鸦片使白银外流严重，必禁无疑；其二，吸食、贩卖、制造的都要处以严刑；其三，你必须要有重兵随行，以防不测。另外，也有三个要注意的其他方面：其一，禁烟的同时，宜同时禁止呢绒、钟表、玻璃、燕窝等奢侈品贸易；其二，来华外国商贩的活动范围需限定在澳门岛上；其三，需造火器以充实军力。总之，我对先生的期望，是以两年为限，使中国十八行省银价平稳，物力充足，人心安定，以报我皇上。"

读着龚自珍的赠序，林则徐深深为之动容。多么睿智的见解，若非谋识宏远、关注深切之士，如何能写得出来？

"如今局势暗潮汹涌，欧罗巴列国如豺狼虎豹伏伺在侧，国人却还在天朝盛世的美梦中沉睡，看得通透的只有我辈寥寥数人。禁烟，是要打一场战争。这场危险的战役，我独自前往就可以了。"

林则徐从身边取出一只锦盒，轻轻打开，是一方带有朱砂斑的紫色砚台。砚台一端镌为水池，朴素无华，背面刻着王羲之的《快雪时晴帖》。这是龚自珍送给他的。

"兄心至诚，我必不相负。"

默默看完林则徐托本家林扬祖带来的回信，龚自珍很是失落。千里江山，满目疮痍，自己却又无能为力。

京城上空笼罩着淡淡的阴霾，西山被全部遮盖。

山雨欲来风满楼。

冬去春来，矮墙边迎春花怒放，杨柳吐出嫩黄的新芽。

龚自珍站在院子里，感受着大自然的蓬勃生机。深深地吸了一口气，混杂着花香和泥土气息的空气让他心里异常宁静。

依旧没有派遣的消息，他思忖良久，决定主动请辞。

何颉云说道："你下定决心了吗？"

龚自珍奋笔疾书，头也不抬："如今四方隐患重重，很快将有大变局。大丈夫不能建功立业，难道还要辜负江南的莼羹鲈脍吗？"

西晋时期吴国名士张翰在洛阳任职时，因为思念故乡的莼羹鲈脍而辞职归去。不久之后发生了八王之乱，许多士人身遭不测，而张翰竟得以保全性命，时人都称赞他"知机"。

写完辞呈，龚自珍靠着椅背闭上了眼睛，就要告别平庸无聊的仕宦生涯了，心里仍无法放下对家国命运的忧虑。但不管如何，辞职后做个游山玩水的闲人，也好过寄生在腐朽的朝廷中尸位素餐。

"请辞能得到批准吗？"

"按照国朝法规，父母年八十以上，或七十岁以上的独子，家里没有其他男丁，便可以请辞回原籍赡养父母。父亲今年七十二岁，合乎律例，不能不批。"

递上辞呈之后，龚自珍去龚守正家道别。

多年没有走动，龚守正住上了更大的宅院，门口车马络绎不绝，一派蒸蒸日上的气象。

他正陪着客人在客厅闲聊，让龚自珍先在耳房等候。耳房和客厅距离不远，能清楚地听到他们的谈话。龚自珍看那人身上的官服，知道是一位翰林官。

翰林官说："本次翰詹大考，幸亏恩师提拔才得以继续留在翰林院任职。"

原来，朝廷为了促进翰林院、詹事府官员自我学习，每隔一段时间就要举行大考，不通过者淘汰出局。龚守正担任道光十九年（1839）二月翰詹大考的阅卷官，因此该翰林官以门生自居。

龚守正脸上露出和蔼的笑容，款款说道："不用谢我，主要还是你自己努力。我记得你的答卷，字写得非常好。"

翰林官谦虚地说："秀才怕岁考，翰林怕大考。入翰林院以来，着实在书法上花了不少时间，一天也不敢放松。"

"这就对了。凡是考差的试卷，字迹宜端秀，墨迹宜浓厚，点画宜平正，那么考试时就没有不通过的了。"

翰林官叩谢龚守正的教诲，连称还要继续努力。

龚自珍忍不住嗤笑出声："原来翰林学问也不过如此！"

翰林官不知道龚自珍是何人，异常尴尬地呆坐着。

龚守正斥道："你自己不好好练字，每回考差都以落榜告终，难道不觉得羞愧吗？"

龚自珍哈哈大笑："羞愧，羞愧！如果让舍妹和外子去考，必定能考上。"

翰林官如何听不出龚自珍的讽刺，讪讪告辞而出。

龚守正脸上乌云密布，并不理会龚自珍，径自拂袖而去。

一场叔侄间的告别不欢而散。

龚自珍的辞呈得到了批准。

当日家境尚可，举家北上略无难事。如今一文不名，南归的旅途山长水远，路费是一笔不菲的支出。恰好同年朱腾来京办差，听说了他的窘境，慷慨解囊为其治装。

龚自珍跟妻子商量："我先回去筹集路费，再来接你们。"

何颉云知道家里境况，只好答应。

南归时间定了，龚自珍对离京一事极为看重，这是人生的重大转折，绝不能潦草应付。

他写信告知京师友人，安排离京之后的各项事宜。诸事办理妥当，又邀请吴式芬、孔宪彝、吴葆晋、蒋湘南诸友人最后一次赏花。花期已近尾声，只有花之寺里的贴梗海棠仍开得灿烂，诸友人用苏轼《定惠院海棠诗》韵赋诗为他送行。

四月二十三日，终于启程南归了。

汤鹏约了何绍基、何绍业等友人在时丰斋为龚自珍饯行。

汤鹏和龚自珍已经认识多年了。道光二年（1822）春天，芍药花开得正好，龚自珍独自乘坐驴车来到丰台花田，从车上取来酒壶酒杯到花丛中自斟自饮。饮得兴起，忍不住击碗高歌。歌声响彻云天，引来行人驻足观看。微风吹过，芍药花片片飞落，浑不知歌者是仙是侠。

那幕情景深深烙进汤鹏心里。

他给龚自珍的赠别礼物是一册《海秋诗集》。

"我的集子今年春天刊刻，已经成刊，现在我把它赠予你。"

龚自珍笑道："诗与人为一，人外无诗，诗外无人，如此一来，诗的面目才是人的真正性情。"

这是他给诗集写的跋文。得到如此高的评价，汤鹏足以自豪于文坛了。

他们喝了很多酒，从晌午一直喝到太阳西斜，才依依不舍地道别。

何绍业说道："兄就要离京南下了，可否赠诗留念？"

龚自珍醉意朦胧，信口吟道："终贾华年气不平，官书许读兴纵横。荷衣便识西华路，至竟虫鱼了一生。"

龚自珍自嘉庆十七年（1812）担任武英殿校录，开始从事校雠之学。后来认识了刘逢禄、宋翔凤、魏源、林则徐诸好友，走上经世致用的道路。他以为有一天可以大展身手，没想到最后还是要回故里去做个寒窗清课的老学究。

何绍基知道龚自珍心里的不甘、委屈和无奈，默默地呈上两幅卷轴。龚自珍打开一看，是一副集杜甫诗句而成的楹帖："海内文章伯，周南太史公"。

龚自珍拱手道谢，告别诸友人。

门口停着两辆马车，他自乘一辆，另一辆载着文集百卷。

马鞭轻落，马蹄抬起，道路上扬起若许微尘。

夕阳余晖映照下的西山犹如蜿蜒逶迤的蛟龙，静静地拱卫着北京城。龚自珍回首望了一眼远处的西山，心里有种难以言说的情愫。祖父在京城做官，父亲也在京城做官，到他已历三世，加起来有近百年之久。北京对于他如同第二故乡。

路边一株海棠已经开败，地上落红缤纷。他也像离开枝头的落花，终于要回到故里。那又有什么关系呢？他昂起头，朗声吟道：

"浩荡离愁白日斜，吟鞭东指即天涯。落红不是无情物，化作春泥更护花。"

吟唱声悲凉呜咽，路人投去讶异的眼光，他恍若无睹。

夜幕降临，龚自珍才走到广渠门外。在旅店中住了一个晚上，翌日继续上路。

城外七里，吴葆晋在桥边茶寮中等候已久。他以茶代酒饯别好友，伤感地说："一路保重，此去不知何日才能再见。"

龚自珍举起杯子，说道："你我同在戊寅年中举，又同是己丑年进士，同出于清苑王公门下，廷试同不及格，同时任为内阁中书，同时改放外职，又同日放还原官。既有这么深的渊源，必有重逢之日。"

两人叙话良久，洒泪而别。

归去来

船在运河中缓缓前行。

这熟悉的路途，龚自珍已经走了多次，却从未有过如此复杂的心情。

龚自珍箕踞而坐，一边喝酒，一边写诗。他回忆平生，把每件事都写成一诗，不知不觉已作了几十首。每写完一首，便揉成一团扔进箱筐里。

行舟经过华北，平原上依然一片荒凉。他深深地感到遗憾，曾经给托浑布在河北发展种桑养蚕之业的建议，看来并没有得到施行。

五月十二日，来到清江浦。

一群纤夫正在拉船过闸，齐声发出"邪许、邪许"的声音，仿佛一首壮歌，更增添了旅途的悲凉色彩。

惆怅之怀尚未遣去，忽见河道两岸尽是官员盐商的宅邸，楼阁高低错落，一派辉煌气象。

船刚刚靠岸停泊，已经有人前来迎接。时任江苏督粮道的同年何俊和另一位担任甘泉知县的同年卢元良，得知龚自珍来到淮安，邀请他到督理漕粮的衙署清晏园中暂住。

清晏园有"江淮第一园"之称，乾隆皇帝下江南的时候曾住在这里。园中亭台楼阁，水榭荷塘，皆为一时之盛。

接风宴在清晏舫上举行，当地文人雅士作陪，淮安第一名妓灵箫为他们唱曲助兴。

灵箫用纤纤玉手拨动琴弦，唱了一首元人曲子。龚自珍一听，知道出自臧懋循《元曲选》，曲文已被改得庸俗不堪，他让重新唱一首。灵箫改唱《临川四梦》，依旧是篡改之后的文本。

龚自珍意兴阑珊："如今坊间曲子词真是俗不可耐，昆曲尤其鄙俚。"

灵箫有些尴尬，座中人为她解围："定公是当世才子，何不写一首给她唱？"

"倒也不错。"龚自珍即刻提笔写了一首词。

灵箫重新唱了起来，难为她当场配的曲子竟然丝丝入扣。一曲奏完，座中人皆拍手叫好。在灯火映照之下，灵箫更显得肤白胜雪，柔情似水，龚自珍被深深迷住了。

酒过三巡，席间玩起了限韵赋诗的游戏。龚自珍分得"箫"字韵，喜不自胜。他平生最爱箫和剑：剑是侠骨，寄托着报国壮志；箫是柔情，蕴含着诗酒情怀。如今遇见灵箫，又以"箫"字赋诗，真是巧合！他不假思索，随即吟道：

大宇东南久寂寥，甄陀罗出一枝箫。箫声容与渡淮去，淮上魂须七日招。

少年击剑更吹箫，剑气箫心一例消。谁分苍凉归棹后，万千哀乐集今朝。

天花拂袂著难销，始愧声闻力未超。青史他年烦点染，定公四纪遇灵箫。

听出诗意的文士们开始起哄："灵箫，定公对你动心了。"

灵箫被龚自珍的才华吸引，悄悄看了他一眼，正迎上他含情脉脉的眼神，不觉脸红了。

龚自珍在清江浦住了十几天，灵箫一直陪伴在身边。灵箫蕙质兰心，看出他猖狂洒脱的外表之下隐藏着消沉落寞的心绪，于是每天清晨故意卷起北面的窗帘，对着窗外声势滔滔的黄河水梳妆打扮，化出一个英气勃勃的妆容。

龚自珍自然能够领会她的苦心，一个念头在心里反复出现：要为她脱贱籍，纳她为侍妾。

他亲自选录李白、温庭筠、李煜、韦庄、范仲淹、晏几道、柳永、姜夔诸名家词作七十四首，命名为《续离骚》，请孙月坡抄写成册，送给她诵读。然后才依依不舍地离开，继续南行。

到了扬州，何、卢二君的赠金已经告罄，只得舍舟登岸，寻人借钱。

龚自珍找了个小旅馆住下，安顿好了才写拜帖送给诸位友人，然后出去步游。

循着旅馆东边的街道一直走，前面是一座小桥，桥下溪水潺潺。过了小桥，登上女墙高处，看到扬州城远近三十里屋舍鳞鳞，绿树掩映着黛瓦粉墙，犹如一幅太平盛世的画图。

灵箫看出龚自珍猖狂洒脱的外表之下隐藏着消沉落寞的心绪，每天清晨故意卷起北面的窗帘，对着窗外声势滔滔的黄河水梳妆打扮，化出一个英气勃勃的妆容。

走入一家酒馆，店家给他切了熟肉，又赠酒一瓶、虾一筐。他在一个靠窗的位置坐下，自斟自饮。喝得醉眼朦胧，他击碗唱起了宋元长短乐府，声调呜呜咽咽，极为悲壮。对岸的窗户打开了，一个女子探头出来观看。

喝完酒，龚自珍坐船到蜀岗游览。游船布置得异常奢华，帘幕用的是文绣，船上器具用的是五色玻璃。许多园林市肆百余年间屡易其主，仍屹立在溪岸两边。每经过一地，船家便指着岸上说"这是某园的故址"，"这是某家酒肆的故址"。

龚自珍坐在船上，望着静静流淌的河水，再也没有比此刻更悠闲惬意的时候了。

游玩归来，扬州士人已经在旅馆里等候多时。有的向他请教经史义理，有的询问京师近事，有的把诗文作品呈送给他，请他写序或题辞，有的拿着先人行状请他写碑铭，也有的乞写册子、扇面。

闲暇时，他还拜访了阮元、秦恩复、段果行、沈锡东等故人。

魏源父丧服阕之后，在江苏巡抚陶澍幕府中协办公务。陶澍因病去世，魏源从上海回来，邀龚自珍到仓巷絜园中小住。

絜园是魏源购买的别业，里面的楼阁亭台、水榭荷塘修治得错落有致。龚自珍住进秋实轩中，两人秉烛夜坐，谈起近年来各自的经历，感慨万千。

魏源在江南任职长达十余年，不仅参与盐、漕、河的政务改革，还编纂了一部皇皇巨著《皇清经世文编》。如今闲居在家，正在撰写《圣武记》一书。龚自珍翻阅着书稿，赞道："默深，我很佩服你，做了很多实务，还能撰此传世之作。你让我写大门楹联，我想好了：'读万卷书，行万里路；总一代典，成一家言'。"

魏源大喜，赶紧命人送笔墨来，请龚自珍书写。

翌日，魏源在瘦西湖边上的酒楼设宴招待龚自珍，邀了多位扬州名士作陪。酒足饭饱之后，龚自珍滔滔不绝地谈论起西北地理。

"西北边防乃国之大患，边地回部难以驯化，一旦中原震荡，无力对其加以笼络控制，难保不生割地自立的心思，而且北方的俄罗斯诸国也虎视眈眈，想找机会下手。只有在西域设置行省，任命合适的官员，派遣军队进驻，才能断去后患。可能有人会问：在新疆设立行省，会引起当地人多大的反感？需要投入多少的人力物力？需要迁移多少中原人过去？这当然是要耗费很大力气的……"

同桌友人陆续跑到隔壁房间去听歌女唱曲儿，最后连魏源也找借口走了，只有一个营妓还安静地坐在旁边听他演讲。

龚自珍终于讲完了，看了一眼那位营妓，问道："难道你不觉得无趣？"

她微笑说："先生才华横溢，说得很有意思。"

龚自珍大为感动，好像找到了知己。"你叫什么名字？"

"我叫小云。"

小云穿杏黄色的裙子，一举一动，一颦一笑，充满着青春的气息。得知龚自珍只是暂时寓居扬州，问道："先生能替我赎身吗？小云愿意终身服侍。"

龚自珍为难地说："我到扬州，本是来问朋友借贷路费，并没有能力帮你。"

"原来如此。"小云非常失望。

他不敢再看小云，仓皇而逃。

六月十五日晚，舟行至镇江丹徒，江上忽然起了大风，只好登岸住宿。

镇江没什么熟人，也省了繁杂的应酬。龚自珍沉沉地睡了一觉，醒来时已是红日高升。一阵敲锣打鼓的声音自远处而来，从窗户看出去，原来当地人在赛玉皇、风神、雷神，吸引了许多百姓出来围观。

龚自珍闲极无聊，便去参观这里的节日活动，跟随赛神队伍走到一座位于江边的道观。

道观前面空地上筑起了高高的祭台，几座神龛摆在祭台上，四周飘扬着无数幡旗。一群道士走出来，秩序井然地站好。早早等候在此的万千民众开始献牲祭祀。

龚自珍平生不喜道士，也不读道书，正要转身离去，一个道士走上前来，向他问好。

"过去曾在京城见过先生，没想到又在这里见面，请到观里用茶。"

龚自珍仔细看了看道士，已经想不起是何人。

道士马上要主持法事，请他题写青词。龚自珍看到台上风神雷神威风凛凛的样子，略一思索，写下了一首诗：

"九州生气恃风雷，万马齐喑究可哀。我劝天公重抖擞，不拘一格降人才。"

一道谢罪禳灾、乞保平安的青词，竟能写得如此气势磅礴。道士激动地连声道谢，拿着纸登上高高的祭坛，一边恭恭敬敬地祭拜，一边朗声念诵祷文。人群中发出雷鸣般的呼声。

"我劝天公重抖擞，不拘一格降人才——"

万千民众受到感发，也跟着反复吟诵，洪亮的声音飘荡在祭坛周围。

天上风卷云舒，长江惊涛拍岸，伴着这呼唤风雷的声音，天地间洋溢着充沛的血性和激情。

龚自珍悄悄地转身离开。过去徐松常说他交游广泛，宗室、贵人、名士、僧徒、伧侩、屠沽无不往来，殊不知正是这三教九流，才是最真实的存在。

他突然对自己有了新的认识。原来，这才是他想要的样子！

他看不惯论资排辈、庸庸碌碌的官僚，看不惯褒衣博带、虚与委蛇的士大夫，他无数次嬉笑怒骂，就是想改变这个了无生气的人间。

然而只换得一个"狂"名。狂又如何！

带着对衰世的绝望，他再次踏上旅途。

七月初九，终于回到杭州了。

父亲龚丽正拄着拐杖，老早就到城门外等他。

曾经意气风发的少年郎，风尘仆仆的脸上多了几许皱纹。

龚丽正拉着儿子的手，眼睛里湿润了。

他已不再是当初那个开衙建府、幕客如云的高官。由于平生不看重钱财，去职之后很快陷入贫困之境，只好到杭州紫阳书院担任教授。他虔诚地信奉佛教，讲学之余，到处游山玩水，出入寺庙僧舍，安享天年。

龚自珍看着白发苍苍的父亲，无语凝噎："我辞掉官职了，辜负了您的期望。"

"没关系，回来就好。"龚丽正安慰儿子，"总算团聚了。"

龚自珍回家的第二天，去母亲段驯坟上祭拜。得知从兄竹楼去世的消息，又写了一首悼诗寄托哀思。

龚丽正最关心的是龚自珍的著作："你的文集可出定本了？"

"文集已经写定。出都以来又破诗戒，所获颇多，尚未成编。"

杭州文士曹籀、徐楙、王熊吉、陈春晓闻知龚自珍回归故里，都来邀他宴饮唱游，谈诗论文。西湖僧人也邀他去为信众讲佛经。他无法一一推辞，便答应了父亲的好友乔松庵的慈风法师，为僧人讲《华严经》。

中秋过后，龚自珍陪父亲去凤凰山观潮。在钱塘江流入东海的入海口，每年八月中秋前后都会有江水激涌，形成潮汐。站在凤凰山上，只见远处钱塘江中浪波如一缕缕银线，伴随着闷雷般的巨响，潮水已排山倒海呼啸而至，喷珠溅玉。

龚自珍被这天地奇观深深地吸引住了，辞官之后的郁闷被荡涤得无影无踪，他高声吟道：

"家住钱塘四百春，匪将门阀傲江滨。一州典故闲征遍，撰杖观涛得几人？"

龚丽正若有所思，忽然说道："此间有人传

言，说你辞官与绘贝勒侧福晋有关。"

龚自珍愕然问道："怎么说？"

"杭州有个文人叫陈文述，到处跟人说你与绘贝勒夫人顾太清有私情，事发之后为王室迫害，仓促南逃。途中还曾写诗赠予她，说什么'空山徒倚倦游身，梦见城西阆苑春。一骑传笺朱邸晚，临风递与缟衣人'，是否确有其事？"

"荒唐！"龚自珍忍不住骂道，"陈文述不过一介不入流的文人，满口胡言乱语。"

龚丽正拍拍儿子的后背："既然你说没有，那便是没有了。此等绯闻，莫管它就是。"

"无良文人捏造故事毁人名节，实在可恨。"

龚自珍想要追究事情缘由，又怕被有心人编出更多谣言，只好作罢。

在杭州小住月余，龚自珍起身前往昆山，准备对东塘街高坂桥北块的别墅加以修缮。

这是清初礼部侍郎徐秉义的旧宅。道光五年（1825）十月，龚自珍母丧服阕，应朋友之邀到昆山小住，正好此处产业正在出售，便买下了。

别墅的北边是马鞍山，娄江从山下蜿蜒流过。傍晚在附近散步，远山暮霭袅袅，意境朦胧。他想起周穆王驾八骏到昆仑山和西王母相会的故事，很是神往。灵机一动，给别墅起名叫羽琌山馆。

羽琌山馆历经百余年之久，已经破旧不堪。龚自珍招募工匠修建了一座三层的楼阁，又在屋前屋后种植了许多花草，花园中用太湖石堆砌起高高的假山。

一个倩影浮现在心头，是在清江浦上相逢的灵箫。如果能在这个山水秀美的地方写诗著书，和灵箫一起安度晚年，该多好呀！

站在花墙下，想到未来的隐居生活，他忍不住露出惬意的微笑。

杭州西湖孤山上有宋代隐士林逋的隐居之所，林逋终身不仕不娶，植梅养鹤，自谓"以梅为妻，以鹤为子"。如今要在这里隐居终老，岂能没有梅花？苏州邓尉山中盛产梅花，西邻徐屏山帮他购置了三百盆，很快就能送达。他准备把梅花种在小径的两旁，冬日梅花如雪，香飘数十里，必定是绝美的风景。

次日，卖花人把三百盆梅花送到羽琌山馆，大盆小盆从牛车上搬下来。看着盘根错节、欹斜疏曲的梅花，龚自珍皱起了眉头。

"怎么都长成这样了？难道没有正常的花苗吗？"

卖花人笑道："先生有所不知，梅以曲为美，直则无姿；以欹为美，正则无景；以疏为美，密则无态。苏州、杭州、江宁之梅，无不如此。"

龚自珍惊讶地问："你们种花之人也有这样的趣味？"

徐屏山说道："江南文人画士多爱梅，时常指点种花人，所以他们懂得砍去正枝，剪去密条，养其旁枝，屈成曲条，使其多姿多态。"

"无耻！"龚自珍非常愤怒，"文人画士性情孤僻才如此病态。自己喜欢便罢了，又何必大肆呼号，毒害天下的梅花？"

卖花人不知龚自珍为何发怒，将数百盆花摆放到地上，便匆匆走了。

龚自珍拿起花锄将花盆逐一打碎，将梅花连根拔出，解开捆绑住它们的棕绳，让枝条自由地舒

龚自珍拿起花锄将花盆逐一打碎，他将梅花连根带土拔出，种在羽琌
山馆的周边。

展，然后种在羽琌山馆的周边。

"盆栽的梅花煞是好看，何必如此费事，移种在地里？"徐屏山感到不解。

"江南卖花人将梅花残害至此，我只恨自己不能有多一些时间，多一些闲田，买尽天下病梅，种在这里疗治。"龚自珍异常愤怒，"五年之后，这些梅花必定能恢复原貌，顺其天性地活下去。"

他研墨挥毫，在花园门口题了匾额："病梅馆。"

别墅修缮好了，里外焕然一新。

龚自珍把毕生收藏都搬来这里。过去他曾将自己的藏品记录下来，撰成《羽琌之山典宝记》二卷。后来家境衰落，置换和典当了不少，如今《典宝记》中的物件大多已经没有了。三秘、十华、九十供奉，是藏品的重中之重，他打算当作传家之宝。

三秘是汉婕妤妾赵玉印、秦天禽四首镜文、唐拓本王献之《洛神赋》。汉婕妤妾赵玉印历来被视为赵飞燕遗物，龚自珍爱惜如命，小心翼翼地藏在第三层阁楼之上。这便是"宝燕阁"得名的由来。又专门辟出一间小屋当佛堂，请徐问蘧书写匾额

"观不思议境"和楹联"智周万物而无所思，言满天下而未尝议"。

一概琐事忙完，手头尚有余钱，他把别墅东边的一片竹林买了下来。

"宋人辞官之后都要乞祠禄养老，我有山林三十七亩，不管如何，总好过他们了。"

龚橙的家书从北京寄来，信中附有女儿阿辛的习作，字写得娟秀可观。龚自珍非常欣慰，写了一首诗：

"男儿解读韩愈诗，女儿好读姜夔词。一家倘许圆鸥梦，昼课男儿夜女儿。"

他满足地躺在卧榻上，入梦之前还在想着：从此在江南做一个书斋老蠹虫，教儿孙课读诗文，似乎也不错。

万马喑

九月十五日，龚自珍启程去北京接回家眷。

从昆山出发，先在苏州侄子剑塘处住了十天，然后坐船到扬州。扬州风光如旧，小云已经回杭州老家了。

翌日，来到淮安清江浦，又一次遇见了灵箫。灵箫还是那么年轻美好，活泼风趣。龚自珍陷入了无法自拔的恋爱中。一住十日，醉梦时多醒时少。

邮卒送来了龚橙的书信，催他快点进京，这才恍然想起家人还在京城翘首以盼。

灵箫提出赎身的要求，龚自珍顾视囊中所有，并无此能力。灵箫似乎知道他的难处，轻轻说道："妾乃姑苏人士，从今以后回乡闭门谢客，他日有缘可到那里相见。"龚自珍怅然别去。

十月六日，龚自珍渡黄河向北而去，途经渔沟、众兴、顺河，路过江苏铜山、山东滕县，来到曲阜。同年王大淮担任曲阜县令，热情地招待了他。孔宪庚和兄长孔宪彝都与龚自珍交好，龚自珍在孔宪庚的陪同下先到孔林拜谒，斋戒三日之后再到孔庙拜谒。

龚橙又来信了，何颉云似乎知道了他和灵箫的恋爱，写了几首伤心欲绝的诀别歌诗。

龚自珍黯然无语，告别了阙里的朋友。离开曲阜之后，忽然下起了大雪。车过汶上、东平，途中路滑难走，几次翻倒在地上，幸亏路人仗义相助才从危难中摆脱出来。

到达直隶任丘县时已经狼狈不堪，他在旅馆中住下，浑身酸痛难忍，昏昏沉沉地睡了过去。

隔壁传来宴饮欢笑的声音，歌女在弹奏筝琶，乐声中颇有着感怀身世的悲怆。龚自珍被乐声唤醒，回想过去曾经满怀豪情地站在北海边，立志要成就一番功业，如今却成了一个荒江野老，像南飞的大雁一般在广阔的江湖中翱翔。

不知不觉，泪水模糊了眼睛。

回不去了！

他突然心生怯意，在墙壁上写道："房山一角露峻嶒，十二连桥夜有冰。渐近城南天尺五，回灯不敢梦觚棱。"

"近乡情更怯，不敢问来人"的情味，原来这么苦涩！

离京之前为了表示退隐的决心，曾隆重地周知京城中的亲友，进行正式诀别。时隔半年又要再次入京，该如何面对他们？

龚自珍考虑再三，决定派一仆人入京去迎接家眷，自己在任丘等候。

几天之后，龚橙来信了，请他继续往北走。他便又走了一天，来到雄县，然后回信告知聚首之地。龚橙再次来信，别无他话，只请他再往北走。龚自珍只好又启程，向北走到固安。

他突然意识到是何颉云在要小性子，便不肯往前走了。给儿子写了一封信，随信附了五首诗，教导他多读孝道、经史的书籍。

过了几天，何颉云和孩子们乘坐马车来了。

回家途中仍是一路登山临水，探亲访友。

龚橙和京城中贵族子弟多有交往，有意无意地说起太平湖贝勒府故事。

"绘贝勒被称为宗室第一诗人，侧福晋顾太清的才情丝毫不弱于他。太清夫人长期专宠，生育子女多人。前年绘贝勒去世，长子载均继承家业之后，便容她不得。她儿子载钊的生日正好是绘贝勒的忌日，载均便对太夫人进言说绘贝勒是被载钊克死，因此太清夫人与子女一同被逐。如今在西城租赁房屋，日子过得很是艰难。"

龚自珍看了何颉云一眼，说道："别人家事，说它作甚。"

龚橙"哼"了一声，说道："陈文述欲刻《兰因集》，请太清夫人撰写序言被拒绝，怀恨在心，恰好看到老爹的诗，便编排了这样一出故事。说到底，老爹你也很无辜。"

何颉云淡淡地说："或许是好事者有意捏造，还是空穴来风呢？"

龚自珍讪讪地别过头去，一路无话。

十二月二十六日，到达昆山海西羽琌山馆，他把妻子儿女们安置在这里。

友人得知他辞官归来，有的慕名来访，有的邀他同游。江南富商巨贾如云，附庸风雅者大有人在，听到龚自珍的大名，无不趋之如鹜，争相邀约。宴饮之后，或是听听小曲儿，或是聚赌为乐。钱财对于龚自珍来说都是身外之物，各种润笔赠金到他手里很快就散尽了。

龚自珍过着放浪形骸的生活。丹阳云阳书院邀他去主持讲席，来函搁置许久仍未回复。

偶然想起京城往事，发现自己的生活与辞官的初衷完全相悖。他给吴葆晋写了一封信，倾诉道：

"弟近来生活过于放纵，常常往来于吴越之间，在舟中的时日比较多。家里的长辈还不能过上先辈们潇洒林下的生活，何况是我呢？我现在出门就访求各位名士大员，饮酒作乐，已经很久没有与笔砚相亲了……"

不能再这么放纵下去了，他决定答应云阳书院的邀约。

临去之前还有一件事情未了。他从书房里翻出一个破篓，装着出都以来写的诗稿。当时旅途中用鸡毛笔写在帐簿纸上，每写一首诗就揉成团投入篓中，不知不觉竟有三百多个纸团。逐一展开重读，有留别京国的诗，有关津乞食的诗，有路过袁浦纪奇遇的诗，有思忆友人的诗。往返九千里之情事，甚至一饮食，一坐卧，皆历历在目。

他坐在地上，一边吟读，一边回忆。一会儿哭，一会儿笑。外祖父段玉裁盼他成为名臣、名儒，不曾想最后流传乡里的也只有诗人之名。

全部读完，他把诗稿整理编次，共有三百一十五首，题为《己亥杂诗》。

扬州距离丹阳不远，龚自珍一有空便来絜园中小住。

黄昏，天空中飘起了细雨，他怀抱着一件东西从外面回来。魏源身材比龚自珍高大许多，他的衣服穿在龚自珍身上总有些不伦不类。侍者看到一半袤服拖在泥水里，又湿又脏，不禁皱起了眉头。

龚自珍浑不在意，喜滋滋地把木匣放在桌子上，原来是一件檀香木雕成的佛像。

魏源见佛像古色古香，刀法生动，赞道："果

龚自珍坐在地上，一边吟读，一边回忆，一会儿哭，一会儿笑。全部读完，他把
诗稿整理编次，共有三百一十五首，题为《己亥杂诗》。

然难得，从哪里得来的？"

龚自珍得意地说："今日去拜访芸台老爷子（阮元），我们从早谈到晚，他摆了宴席招待我，还送我这件玩意儿。"

"太阳打西边出来了！"魏源笑道，"阮大学士最是清高，一般人去他府上拜访，他总是装作耳聋，急于把人给打发走，更不要说送礼给别人了。"

"难道你没听过外间传说？'阮公耳聋，逢龚必聪。阮公俭啬，交龚必阔'。"

"别得意，"魏源微笑着递过来一张信笺，"看看这个。"

龚自珍打开一看，原来是某生写的信。信中说道："听说龚自珍去扬州了，此人口若悬河，但言语间漏洞不少，千万别被他吓住。他最近厌倦仕宦，满腹牢骚，恐怕没有结交人才、搜辑文献的心情了。他所到之处宾客满门，一副二十年前贵公子的姿态，其实早已破落。现在每天被人领着四处出游，不是去风月场所，就是去深山寺庙，却不肯到我这里来。他不来我这里，我也断断不去拜访他！"

"一股子酸气。"龚自珍哈哈一笑。

他脱掉滴着泥水的外衣，随脚把靴子踢飞了，躺在榻上。

"我还听到一则轶闻，说翰詹大考以《正大光明殿赋》为题，部郎议论纷纷，不知该用何韵，足下建议用'长林丰草，禽兽居之'。"魏源说完，静静地看着龚自珍的反应。

"正大光明殿是皇上的居室，把它比作禽兽居住的地方，也太恶毒了！"龚自珍捧腹大笑，"这话虽然不是我说的，倒也像是我说的，难得编排的人想得出来。"

魏源无奈地说："我知道，《正大光明殿赋》是庚子年四月十七日散馆考题，那时你早已辞官南归，不可能在部曹说此等大逆不道的话。但外间胡乱造谣，总归是不好的，这不仅是口德的问题，也不利于你明哲保身。"

"我被流言中伤又不止一回了。"

"我与兄相交之情不亚于亲兄弟，常常遗憾兄有口不择言的毛病。"魏源沉默了半晌，突然说道："你可知道，南方已经开始打仗，元抚被革职了。"

龚自珍听到这个消息，忽然想起过去曾提出跟随林则徐去广东禁烟，却被他拒绝。

"原来他是一片好意。"他喃喃自语。

"元抚在虎门主持禁烟，不但得罪英国人，朝廷上弛禁派也把他当成仇人。"魏源满怀忧虑地说。

"目前情况如何？"

"今年五月爆发战争，六月英军强占镇海，威胁江浙。裕鲁山被任命为钦差大臣，到浙江主持防务，他已为元抚请命，希望朝廷能重新起用元抚为协防。过些时日我也要去看看。"

龚自珍想要随同前去，不巧龚丽正得了重疾，只好赶回杭州侍奉。

道光二十一年（1841）春，龚丽正与世长辞，龚自珍将父母合葬。

魏源从镇海过来探望他，看上去心事重重。二人站在西湖边上，一边欣赏奇观美景，一边纵论古今时事。

"我常取笑宋人辞职之后还要乞求禄米供养，

没想到自己如今也要为生计四处奔波，连宋人都比不上。"龚自珍望着平静如镜的西湖，怅然说道："眼下还能过平静的书斋生活，再过些年，恐怕连太平日子都过不上了。"

"朝廷已下令对英夷宣战，派靖逆将军前往广东作战，但夷人仰仗火器之威，形势不容乐观。浙江方面虽然暂时守住了，朝廷内部意见仍大有分歧，恐怕不久将生变数。"

"内忧外患迫在眉睫，谁知前路会是怎样！"

"我辈做事，但求无愧于国，无愧于君。"

魏源回镇海去了，二人时时书信相通。四月初一，朝廷与英军开战。四月初七，双方签订停战协议。四月二十一日，林则徐抵达镇海，不多久被革去四品头衔，与邓廷桢一起充军伊犁。

两个多月过去，再也没有其他消息。

龚自珍回丹阳书院继续讲学，日子过得清闲自在，心情却日益焦虑，时时盼着魏源的书信。

魏源终于来信了，邀他前去扬州絜园见面，龚自珍即刻起行。

魏源把这几个月的经历告诉他："元抚临走前

曾与我在京口倾心而谈，说禁烟开始之后，西方列国损失了利益，必然前来叩关为难。天朝向来以上国自居，而对西方列国一无所知，这是极为危险的。他原来计划编纂一部《四洲志》，已经搜集了许多资料，因为充军新疆而中断，便让我继续他的工作，编一部《海国图志》。"

"应当如此！"龚自珍拍案说道，"华夏士人向来以天朝上国自居，认为边远地区都是些番邦属国，不屑于研读夷人书籍，学习夷人之技艺，最终免不了要落后挨打。"

"我请你过来，就是为了共同商讨这部书的编纂问题。"魏源语气诚恳而坚定，"这本书的主旨就是要学习夷人擅长的技艺来抑制夷人对我朝的侵害。"

"不错！要制夷，首先就要熟悉夷情，《海国图志》将是国人开眼看世界的第一部大著作。编纂这样一部书，应当图文并重。绘出四洲五洋、西洋诸国的疆域、位置，以及行旅往来的线路。各国之历史、政治、人文、风俗、物产、气候诸方面，也应当详细记述……"

秋实轩中烛光如豆，龚自珍滔滔不绝地说，魏源认认真真地听。窗外斗转星移，不觉已到破晓时分。

"史地之学太重要了！当日送元凤到张家口，返回途中经过居庸关税亭，我曾问当地小吏是否有从关外走私的现象，他回答说'大筐带，小筐装，大偷骆驼小偷羊'。后来我看到山上有前朝修建的护边墙数十处，其中有些小道可以与北方互通往来。试想一下，如果发生战乱，敌兵从小道进入，突然出现在北京城里，对我军而言，岂不就像神兵从天而降？"

龚自珍絮絮叨叨地讲着，心里就像装了千斤巨石。

八月五日，龚自珍回到丹阳书院。

长日漫漫，他脑海里始终萦绕着魏源的话："师夷长技以制夷。"

如此家国存亡之际，太需要这样一部经世致用的大著作了！他下定决心，要协助老友完成这部书。书院中有不少藏书，他仔细翻阅资料，想把有用的文献找出来。

十二日上午，邮卒送来江苏巡抚梁章钜的来信，信中说他于八月初一抵达上海，正在核查边防的各个要口。英国兵船已经占据厦门，很可能会乘风往北行驶，骚扰沿海各省。又说上海局势日趋紧张，战事迫在眼前，有的官员已经辞职了。

"这就是国朝的官员！"龚自珍怒吟道，"迩来士气少凌替，毋乃大官表师空趑趄。委蛇貌托养元气，所惜内少肝与肠！"

这是昔日在王鼎家宴上写的一首诗，魏源说他言辞激烈，锋芒毕露，建议改用委婉一些的词语。如今看来，这些批评官场的诗句不正好道出了眼下之景象？

书生走戎幕，匹马戍梁州。眼下正是时候。

龚自珍写了一封回函，约定辞去云阳书院讲席，赴上海加入梁章钜的幕府。又写一封信给家人，告知自己已辞职，即将赶赴上海。信函拿出去交给邮卒，回到书院之后又给山长写了一封辞呈，做好交接的准备。

一切安排妥当，从书案前站立起来的时候，龚自珍突然一阵晕眩。

快五十岁了！他蓦然想起自己的年岁，心里一惊。

夜幕已经降临，外面刮起了大风，吹得灯烛明灭不定。

龚自珍走过去关上窗户，抬头看到天上一颗大星划破天际，消失在漫漫长夜之中。此情此景似曾相识。他努力地回想，却什么也想不起来。腹中一阵绞痛，眼前的一切模糊不清，一口鲜血激喷而出。

风吹得窗纸噗噗作响，四周万籁俱寂。

他趴倒在边桌上，紧紧捂住肚子。不知过了多久，疼痛一点点消失，他挣扎着走到床榻边缓缓躺下。感觉很像数年前在京城时的那次呕血，他心里不那么害怕了，想着也许只是旧疾发作，一定可以好起来的。

他完全没有意识到身躯在一阵阵地抽搐，恍恍惚惚中看到自己变成了一个神采奕奕的少年郎，骑着披上铁甲的战马，跨过冰封的河流去远方出征。忽然又掉进阴冷的洞窟，铁马冰河都消失了，只剩下耳边的飒飒风声和眼前的无尽黑暗。

"天快亮吧，我还要去上海！"他心里大声呼唤。

许久，东方霞光满天，朝阳一点点地升起，阳光普照大地。

龚自珍却再也看不见了。

龚自珍暴卒的消息迅速传遍了大江南北，亲友们无比惊愕、沉痛。

数月之后，亲戚或余悲，他人亦已歌。坊间开始流传各种各样的猜测：有的说灵箫回到姑苏之后移情别恋，投毒致其死亡；有的说顾太清夫家忌讳二人私情，指使人杀害了他；有的说是因为支持禁烟而遭到权臣穆彰阿的迫害……

真相逐渐隐没在迷雾之中。伴随着龚自珍的去世，那些箫与剑、名士与美人的理想也一起消逝了。

远方炮火轰鸣，日薄西山的大清帝国正在慢慢地落幕。

龚自珍
生平简表

● ◎清高宗乾隆五十七年（1792）

七月初五（公历8月22日），生于浙江仁和（今杭州）东城马坡巷。

● ◎清仁宗嘉庆元年（1796）

父亲龚丽正考中进士，授内阁中书。

● ◎嘉庆二年（1797）

春，居杭州。夏间，随母亲段驯来京。在母亲教导下开始读书。

◉◎嘉庆六年（1801）

八月初三，由叔父龚守正护送，与母亲一起返回杭州。

◉◎嘉庆八年（1803）

七月十四日，父亲携眷乘粮船到京。从建德宋璠读书。外祖父段玉裁授以许慎《说文解字》部目。

◉◎嘉庆十年（1805）

撰《汉官损益》上下篇及《百王易从论》一篇。

◉◎嘉庆十五年（1810）

秋，应顺天府乡试，中副榜第二十八名。

◉◎嘉庆十七年（1812）

由副榜贡生考充武英殿校录。三月，父亲调任徽州知府，举家南下。四月，随母亲至苏州探亲，与表妹段美贞完婚。婚后夫妇同返杭州。夏，在西湖泛舟，作《湘月·天风吹我》。不久，由杭州返回徽州。

●◎嘉庆十八年（1813）

四月，入京应顺天府乡试，落榜。七月，妻子段美贞病逝。八月，出都。九月，回到徽州。

●◎嘉庆十九年（1814）

三月，送妻子灵柩归葬于杭州西湖毛家埠。夏，返回徽州府署。

●◎嘉庆二十年（1818）

父亲改任安庆知府，不久升苏松太兵备道，驻上海。六月，离开徽州。冬，续娶何颉云。

●◎嘉庆二十一年（1816）

秋，应浙江省乡试，落榜。

●◎嘉庆二十二年（1817）

首次编文集，题名《伫泣亭文集》。

●◎嘉庆二十三年（1628）

秋，第四次应浙江乡试，中式第四名举人，座主高邮王
引之。

●◎嘉庆二十四年（1819）

二月，进京，首次应会试落榜。从刘逢禄学习《公羊春
秋》。

●◎嘉庆二十五年（1820）

三月，二次应会试落第。四月，捐纳为内阁中书，未就职。

●◎清宣宗道光元年（1821）

第三次应会试落榜。始就内阁行走，参加国史馆修订《大清
一统志》，撰《西域置行省议》，并计划撰写《蒙古图志》。

●◎道光二年（1822）

与魏源结识。九月，上海道署遭遇火灾，藏书五万卷皆被焚
毁。十一月，回上海探亲。

●◎道光三年（1823）

春，自上海回京。叔父龚守正担任会试同考官，龚自珍照例回避，不得参加会试。五、六月，编刊《定庵文集》三卷《余集》一卷附《少作》一卷，以及词集《无著词》《怀人馆词》《影事词》《小奢摩词》四种。七月，母亲去世，出京奔丧。

●◎道光五年（1825）

十月，服满。客居昆山，购置别业羽琌山馆。

●◎道光六年（1826）

春，携妻子儿女一同进京。与魏源同时应会试，皆不第，时有"龚魏"之称。

●◎道光九年（1829）

三月二十三日，第五次应会试，中第九十五名。四月二十一日，参加殿试，二十八日朝考，以"书法不中程"不列优等，不得入翰林院。仍任内阁中书。

◎道光十一年（1831）

五月，应军机章京考差，不中。

◎道光十二年（1832）

春，与公车举子在花之寺聚会。在此前后，多次参加宣南士人雅集。

◎道光十五年（1835）

六月，任宗人府主事。

◎道光十六年（1836）

春，因积痞所鼓，肺气横溢，呕血半升。王元凤被发配张家口充军。

◎道光十七年（1837）

三月，改礼部主事祭祀司行走。因不善治产业，家境日益困窘。

●◎道光十八年（1838）

九月，叔父龚守正任礼部尚书，避嫌去职，等待改调。冬，俸禄被罚没，至河北保阳乞籴于友人托浑布。十一月，曾提出与林则徐同赴广东禁烟，未果。

●◎道光十九年（1839）

春，请辞官职。四月，离京。五月，途经清江浦，认识灵箫。七月，至杭州。九月，自昆山出发，入京接眷。十二月，与家人同返归羽琌山馆。著《己亥杂诗》。

●◎道光二十年（1840）

应丹阳云阳书院之邀主持讲席，往来于杭州、昆山、丹阳三地。

●◎道光二十一年（1841）

春，父亲病逝。八月十二日，暴卒于云阳书院。